Saber crecer

books4pocket

Rosa Argentina Rivas Lacayo

Saber crecer

EDICIONES URANO

Argentina - Chile - Colombia - España
Estados Unidos - México - Perú - Uruguay - Venezuela

Copyright © 2007 by Rosa Argentina Rivas Lacayo

© 2007 by Ediciones Urano, S.A.
  Aribau, 142, pral. – 08036 Barcelona
  www.edicionesurano.com
  www.books4pocket.com

1ª edición en books4pocket septiembre 2011

Diseño de la colección: Opalworks
Imagen de portada: Getty Images
Diseño de portada: Epica Prima

Impreso por Novoprint, S.A.
Energía 53
Sant Andreu de la Barca (Barcelona)

Fotocomposición: books4pocket

ISBN: 978-84-15139-08-9
E-ISBN: 978-84-9944-374-4
Depósito legal: B-24.112-2011

Reservados todos los derechos. Queda rigurosamente prohibida, sin la autorización escrita de los titulares del copyright, bajo las sanciones establecidas en las leyes, la reproducción parcial o total de esta obra por cualquier medio o procedimiento, incluidos la reprografía y el tratamiento informático, así como la distribución de ejemplares mediante alquiler o préstamo público.

Impreso en España – *Printed in Spain*

Índice

Dedicatoria 11

Agradecimientos 13

Prólogo del Dr. Giuseppe Amara.............................. 17

Introducción 23

Capítulo 1
RESILIENCIA Y CALIDAD DE VIDA 35
   Cuestionario: ¿Hasta qué punto eres resiliente? 40

Capítulo 2
FACTORES DE RIESGO:
LO QUE NOS HACE VULNERABLES 43
   Tipos de pérdida 47
   Pensamiento sin control 50
   «Nostalgia tóxica» 51
   Peligros 54
   Ejercicio de reflexión: Reconciliarnos
   con nuestro pasado 58

Capítulo 3
CARACTERÍSTICAS FORMATIVAS DE LA RESILIENCIA 61
- Saber comunicarnos 64
- Autoestima 71
- Autonomía 76
- Responsabilidad 79
- Inteligencia 82
- *Ejercicio de reflexión:*
  Características formativas de la resiliencia 89

Capítulo 4
CARACTERÍSTICAS DE UNA RESILIENCIA INTERIORIZADA 99
- Sentido del humor 100
- Saber perdonar 105
- Madurez 113
- Apoyo social 120
- Optimismo 124
- *Ejercicio de reflexión:*
  Características de una resiliencia interiorizada 134

Capítulo 5
ESPIRITUALIDAD 144
- Oración 148
- Desprendimiento 152
- Ética 155
- Sabiduría 160
- Amor 165
- Esperanza 171
- Fe 176
- *Ejercicio de reflexión: Espiritualidad* 180

Conclusiones: La felicidad es posible 205

Lecturas recomendadas y Bibliografía 215

Datos de contacto 219

Dedicatoria

Con amor y gratitud a mis dos grandes maestros de resiliencia, cuya extraordinaria inteligencia me educó a pensar con la cabeza y con el corazón: mi padre Juan de Dios, quien me enseñó a ser autónoma, horma de responsabilidad y optimismo, dando siempre un sí rotundo a la vida y cuyo ejemplo de fidelidad y rectitud me brindó la mejor herencia; mi madre Rosa Argentina, quien me enseñó a orar y a reconocer al buen Dios a cada paso de mi vida, prodigó alegría y sentido del humor. Su ejemplo de perdón renueva siempre mi autoestima y su amor construyó los cimientos de mi espiritualidad y esperanza.

Sé que ante la faz de Dios, siguen estando presentes en mi vida.

Agradecimientos

La gratitud es la memoria del corazón.

Anónimo

Papá y yo comíamos solos aquella tarde. Mamá se encontraba atendiendo un evento en el colegio de mis hermanos.

Era mi padre un hombre de pocas palabras, hablaba y mucho, pero con mamá. Sin embargo, aquella tarde, mientras comíamos en silencio, de repente fijó su vista en mí y me dijo: «Hija, realmente no sé qué será de tu vida, serás responsable de hacer de ella lo que tú desees, tendrás la libertad de tomar tus propias decisiones, pero me gustaría que siempre recordaras las únicas dos cosas que tu padre te pide que seas: honesta y agradecida». A mis escasos siete u ocho años de edad sólo pude mirarle sorprendida y, en silencio, seguimos comiendo.

La experiencia me ha mostrado cuán importantes y sabias fueron sus palabras, cuán invaluable su consejo. He caminado la vida procurando honrar esa memoria.

Hoy es una ocasión especial para hacerlo, puesto que todo logro lleva tras de sí el apoyo de muchos. Sería una tarea inacabable enumerar a todos aquellos a quienes agradezco por su *ser presentes* en este libro, pero de manera especial quiero reconocer a los que muy de cerca me han acompañado en este proyecto.

A todos los autores de cuyo conocimiento e investigación he bebido y cuya lectura recomiendo y cito como bibliografía.

A la doctora Monserrat Pérez Mejía, con quien compartí por primera vez, hace ya muchos años, la inquietud sobre el tema y la investigación clínica de la resiliencia. A Martha Saldaña Gómez, desde siempre amiga, por sus valiosos comentarios y acertadas correcciones. A Larisa Curiel, mi gentil editora en Editorial Urano, por su entusiasmo y confianza.

Al doctor Giuseppe Amara por su valioso prólogo y los generosos comentarios que siempre ha dispensado a mi persona.

A mi entrañable amigo Juan Okie por su siempre incondicional cariño, apoyo y cercanía; hoy en especial, por las caricaturas que aportan al libro parte del buen humor, tan necesario para nuestra resiliencia.

A mi fiel guía el doctor Rafael Checa, O. C. D., por su amistad, consejo y extraordinario ejemplo, que a lo largo de tantos años me han brindado refugio y sabiduría.

A María Eugenia Díaz Aguirre, incansable asistente, quien con su maravillosa paciencia, auténtica generosidad y risas oportunas me acompañó durante largas horas de trabajo y numerosas revisiones, entre libros y papeles, frente al computador.

A mi hermano Jorge Alberto por compartir conmigo los últimos meses de su vida y haber recordado juntos tantos momentos de nuestra infancia, los problemas, lo divertido, el amor y la resiliencia de nuestros padres. Sé que de estar aún aquí lloraría conmigo algunas noches que, y desde la presencia de Dios, me sigue acompañando.

En el ayer y en el hoy, gracias a todos mis amores y desamores. A quienes habiendo prometido fraternidad me dejaron sola en la tormenta; a quienes brindé apoyo y generosidad y me dieron a cambio dolorosa ingratitud, pero, sobre todo, a quienes desde un proyecto compartido me acompañan en el camino y a quienes, desde la amistad, se han convertido en una nueva familia para mí. Para todos ellos la honestidad de mi perdón y cariño, así como la gratitud de mi corazón; sin ellos no habría vivido la experiencia del dolor y la alegría, del abismo y la fortaleza.

A ti, Dios, aliado y compañero, gracias por la vida.

Rosa Argentina Rivas Lacayo

Prólogo

Lo importante no es lo que hagan de nosotros, sino lo que hagamos nosotros de lo que hicieron de nosotros.

Jean-Paul Sartre

En este libro Rosa Argentina Rivas Lacayo presenta las claves fundamentales para reconocer y acrecentar la resiliencia, entendida como la capacidad de resistencia y superación que se renueva y consolida como estilo de vida ante las inevitables adversidades de la existencia humana.

La autora destaca la importancia de la resiliencia de acuerdo al gran cambio de la psicología moderna, que avanza más allá de la etiopatogénesis (el conocimiento de lo que nos trastorna y enferma), hacia la investigación de los factores internos que nos hacen resistir y crecer frente a la adversidad, volviéndonos fuertes, plenos y satisfechos. Con la nueva psicología se trascienden los temas tradicionales de la enfermedad, el malestar y la infelicidad. Ésta fomenta la búsqueda teórica y práctica de cómo garantizar la serenidad, la alegría y la creatividad del presente para así cultivar una fundada y objetiva esperanza hacia el futuro.

La resiliencia confirma el hallazgo feliz e inesperado de que los traumas, aun los más severos, en lugar de menoscabar la integridad y el potencial vital de los seres, los estimula y acrecienta. ¿No resulta de lo más interesante y esperanzador investigar cuáles son las fuerzas, recursos y capacidades que hacen prevalecer la resiliencia ante las experiencias que suelen condenarnos al dolor crónico, la depresión, el sentimiento de fracaso, la angustia, la autoconmiseración o la respuesta destructora y vengativa hacia la vida?

La obra está estructurada de forma que aprendamos paso a paso a cobrar conciencia de las posibilidades de superación espiritual que disponemos los seres humanos y que consolidan la misma resiliencia: la capacidad de amar y comprometerse, la autoestima, el sentido de responsabilidad, la inteligencia interpersonal para la sociabilidad y la empatía, la perseverancia, la competencia para reparar todos los daños y sufrimientos —tanto los causados a otros como los que hemos padecido—, el saber perdonar, el sentido del humor, el proyecto exitoso de nueva vida, la imaginación y originalidad, las virtudes éticas, la espiritualidad y la sabiduría.

Desde el principio, la autora esclarece que el concepto de resiliencia no se limita al de resistencia ante el trauma ni a la simple recuperación, sino implica que el individuo al superarse ante la desgracia, se renueva espiritualmente y crece fortalecido. Tras la herida se reconstruye el amor a uno mismo, que es la base para adquirir la fuerza necesaria para la autoliberación.

Recordar el sufrimiento pasado permite comprobar que éste no cerró la puerta del futuro, que nos ha sensibilizado para comprender y compartir el dolor propio y ajeno y nos impulsa hacia una mayor vitalidad más allá de las heridas recibidas. Sin embargo, aunque las arduas experiencias nos fortifican para saber resistir y prevalecer, Rosa Argentina es muy clara al advertir que el sufrimiento, limitado a uno mismo, no garantiza la resiliencia.

El significado, aprendido y comunicado acerca del enfrentamiento y la superación personal del trauma —la adversidad— contribuirá al fortalecimiento y mejor definición de la *identidad* del individuo, que se analiza en sus aspectos constituyentes: la autonomía, la asertividad y la autoestima. De un modo claro, convincente y didáctico, la autora explora y penetra en estos rasgos de carácter y en las aptitudes de la personalidad que permitirán fortalecer y acrecentar la resiliencia, como respuesta creativa a los retos que enfrentamos y superamos en la vida.

Por lo tanto, para rescatar la potencialidad natural humana en que se basa la resiliencia será necesario conocernos a nosotros mismos, saber qué hemos sido y de dónde partimos. En este sentido, Paul Ricoeur usa la fórmula «trabajo de la memoria». Es decir, recordar con el propósito de saber qué debemos recordar y con qué finalidad lo hacemos.

La negación del pasado, el supuesto olvido, impide toda posibilidad de perdón: un tema al que Rosa Argentina ha dedicado gran parte de sus esfuerzos de análisis y enseñanza. ¿Qué se puede perdonar si uno se engaña que nada ha pasado? Y, en el extremo opuesto, por vengar la herida narcisista, se recuerda con desmesura y constancia lo que se ha sufrido y de este modo, henchidos de amarga soberbia, desdeñaremos el perdón, cuando en verdad ha quedado comprobado que gracias a su capacidad de perdonar la persona sufre menos angustia, depresión y resentimiento.

Resalta, por esperanzadora, la invitación a que reconozcamos las virtudes del perdón. Perdonar es la llave de la reconciliación que consiente la auténtica independencia mutua, porque desata las cadenas y amarguras, los resentimientos y odios que nos encierran en posturas de egoísmo inclemente y vengativo. Como bien dice Jacques Lecomte: «El perdón es más un acto que inventa un futuro que un acto que borra el pasado».

No se pasa por alto el delicado y fundamental tema del perdón a uno mismo, que, al contrario de la autoconmiseración, rescata a la persona de la prisión que suele ser la culpa de toda una vida. Ver al otro y a uno mismo a través de la conciencia del perdón «nos hace conscientes —escribe la autora— de que ningún error puede definir la totalidad de una persona».

Esta obra nos lleva a comprender que para el desarrollo de la resiliencia y, por lo tanto, de una vida satisfactoria, autoafirmativa y plena, es necesario asumir una auténtica responsabilidad hacia uno mismo y los demás.

Entre las características de la resiliencia, Rosa Argentina destaca la capacidad de expresar y comunicar las emociones, los afectos y el dolor; la asertividad, que nos lleva a superar los sentimientos de vulnerabilidad, angustia y dependencia compulsiva consolidando un pilar decisivo de la resiliencia, que es la autonomía, y la autoestima, sintetizada admirablemente en la siguiente frase: «Podemos vivir la vida sin el amor del otro, pero no podemos vivir con alegría si no nos amamos nosotros mismos».

La autora afirma que para ser resilientes no debemos perder el control de nosotros mismos y aún menos el sentido del humor. El control implica el dominio de nuestro mundo interior y de los propios impulsos (sentimientos de ira y cólera, emociones negativas como el pesimismo, el resentimiento, el afán vengador, el fatalismo apocalíptico) para ejercer y disfrutar la libertad personal y la virtud productiva.

En cuanto al humor, bien sabemos que nada nos libera más de las presiones que este sentimiento catártico. Nos aleja de la depresión, nos permite apreciar mediante una perspectiva relativista los dilemas de la existencia.

Lo que se nos presenta de este potencial humano que es la resiliencia alienta a confirmar que la vida es un proceso de autocorrección que permite mejorarnos y alcanzar el bienestar. Nos hace encontrar mayor coherencia en lo que hemos vivido y aún vivimos, motivándonos hacia la trascendencia espiritual. Esta búsqueda se vuelve liberadora gracias al reconocimiento de la coherencia y el significado de nuestro existir personal, lo cual ejemplifica la autora a través de la obra de Viktor Frankl.

Saber crecer: resiliencia y espiritualidad hace entender de una manera clara que la resiliencia no sólo es el fruto de la interacción exitosa entre las aptitudes psicológicas positivas del individuo y la adversidad que enfrenta, sino que también implica y manifiesta la evolución espiritual del mismo individuo.

Al coronar su obra, siendo una de las personas más comprometidas con la espiritualidad y más autorizadas en el campo del desarrollo humano, Rosa Argentina nos hace comprender que «resiliencia» es un modo de nombrar al potencial espiritual que todo ser humano posee.

El proceso de la resiliencia se quedaría trunco sin el ulterior paso a la trascendencia de sí mismo. La autora lo afirma de un modo claro y categórico. Entre otros varios aspectos define al espíritu como «el poder irresistible y el misterio de la fuerza de la vida», «eje ordenador del mundo, la vida y el pensamiento», que se enraíza en la conciencia personal y confiere sentido a las adversidades y a los objetivos de nuestro proyecto existencial: «Ayuda a establecer los valores, los ideales y a vislumbrar la orientación de nuestra misión vital».

Finalmente, una importante aportación de este libro es la que vincula la resiliencia a la ética. Esta conjunción nos libera del determinismo, de la vida cerrada y sin esperanza, del rigor y la obligación. Gracias a ella comprendemos que podemos ser éticos si en verdad disponemos de la libertad que nos otorga. La resiliencia se identifica con la ética porque se basa en uno de sus fundamentos: saber reconocer y fortalecer las potencialidades humanas para el crecimiento más sano y feliz. Ambas implican una confianza básica en uno mismo, en el ser humano en general y en la determinación de realizar las promesas y los proyectos que consideramos más vitales para el propio bien, el ajeno y el de toda la sociedad.

Giuseppe Amara
Médico psiquiatra

Introducción

Sé igual al promontorio donde sin cesar se quiebran las olas.
Él permanece invencible, y a su alrededor se adormece
la fuerza estrepitosa del agua.

MARCO AURELIO

¿Cómo permanecer invencibles cuando sentimos que la vida nos golpea, merma toda nuestra fuerza y diluye todas nuestras ilusiones?

Si este libro ha llegado a tus manos coincidiendo con una situación que te hace sentir que vives inmerso en el estrepitoso oleaje de la adversidad, éste es el mejor momento para descubrir tu potencial. Por otra parte, si ahora navegas por mares serenos éste es el mejor momento para prepararte y saber cómo enfrentar mejor las tormentas cuando de nuevo se presenten.

Ser invencibles, como nos sugiere Marco Aurelio, el emperador de Roma, se nos antoja como algo imposible y tal vez hasta indeseable. Será porque hemos confundido los términos. La vida es un constante proceso de cambio, ser invencibles no significa ser rígidos, inamovibles o incapaces de sentir. Por ello, para ser invencibles desde nuestra fortaleza interior y poder salir adelante, no se requiere resultar vencedores ni tampoco basta con ser tenaces. Necesitamos también ser flexibles y tener visión para reconocer cuándo ha llegado el momento de soltar amarras y zarpar hacia un nuevo rumbo.

Una vida plena y satisfactoria no depende de la ausencia de experiencias dolorosas y adversas, sino de cómo respondemos ante ese tipo de situaciones y logramos crecer a través de ellas, de cómo aprendemos a ser mejores a través de nuestros peores momentos.

Ante la adversidad y el dolor siempre hemos contemplado el quebranto como lo natural y lo esperado. Nuestra psicología, como ciencia, nos brinda un amplio abanico de posibilidades respecto a todo lo que puede derrumbarse en nosotros. Cada día crecen los exóticos nombres de diagnóstico y la urdimbre de síntomas para diferenciarlos.

Tradicionalmente, el estudio de nuestra psique se ha fundamentado en la observación y el desmenuzamiento de todas nuestras patologías. La razón de nuestros empeños era una preocupación «obsesiva» con lo disfuncional, con las alternativas para componer y una conformidad con «remendar» para seguir adelante.

Ha resultado más rentable «tratar» a los que se han quebrado, que prevenir los quebrantos. Pero ¿es eso de verdad suficiente? ¿O nuestra atención debería centrarse en la capacidad de crecimiento y transformación que nuestras oquedades pueden brindarnos?

Por otra parte, nuestra preocupación por todo lo que puede estar mal nos ha impedido reconocer cuáles son las verdaderas posibilidades preventivas que están a nuestro alcance para evitar tanto descalabro y desasosiego.

¿Tenemos, en realidad, dentro de nosotros mismos la capacidad para sobreponernos y crecer a pesar de los embates y de la indiferencia de una vida cada vez más impersonal, apresurada y superficial?

Durante décadas hemos estudiado la respuesta de supervivencia que nos ha ayudado a correr o luchar y así salvar la vida ante acontecimientos que son, o nos parecen, peligrosos. La excesiva demanda de adaptación que la vida moderna nos exige ha convertido ese mecanismo en uno de nuestros mayores enemigos. El estrés es hoy considerado como uno de los factores de mayor incidencia en el desarrollo de todo tipo de problemas de salud, tanto físicos como psicoemocionales.

Curiosamente, hasta tiempos muy recientes y de manera no muy reconocida por la ortodoxia no se ha aceptado nuestra capacidad de responder de manera equilibrada, a pesar de las acometidas de las circunstancias, con lo que yo me he permitido llamar «respuesta general de fortaleza», que, a pesar del incesante embate del oleaje, nos permite manejar nuestro estrés de forma creativa, ser coherentes, fluir, tener control interno y renovar la alegría y la esperanza.

La ansiedad y la tristeza de tantos han invadido cada vez más espacios, se han adueñado del hogar, del trabajo, inclusive de las reuniones sociales. Afortunadamente su mismo clamor ha desencadenado un despertar que exige una nueva perspectiva y un nuevo curso para nuestra ciencia y, sobre todo, para nuestro viajar por la vida.

Los seres humanos somos capaces de trascender las carencias de nuestra condición cuando nos damos cuenta de que una vida plena depende menos de la fortuna y las oportunidades que de nuestro esfuerzo por aprovecharlas; de nuestra aceptación de retos más que de la resignación a los problemas; de nuestra habilidad de transformar en ganancia lo que aparenta ser sólo pérdida. Sin lugar a dudas, existen circunstancias donde la luz sólo puede brillar cuando se ha transitado por la oscuridad.

Saber crecer es, ante todo, ejercer nuestra capacidad de reconstruir el sentido de la vida como respuesta a las tormentas más destructivas que hayamos vivido.

Las crisis pueden ser necesarias, a veces indispensables, para que una vida llegue a la plenitud, pueden incluso convertirse en los sucesos más importantes y significativos para nuestra propia motivación. Las tempestades que libramos en el cuerpo y en el alma son las oportunidades para el despertar de nuestro espíritu.

Ya desde la segunda mitad del siglo XX, el doctor Viktor Frankl enfocó su logoterapia en el reencuentro con el sentido de la vida y la recuperación de la esperanza desde la fortaleza espiritual que yace tantas veces dormida en nuestro interior.

Los doctores Werner, Smith y Viscott, entre otros, investigan desde hace varias décadas para reconocer qué es lo que hace que muchas personas se mantengan en pie a pesar del brutal embate de las mareas, desde su más temprana infancia. De estas observaciones surge en psiquiatría el uso de la palabra resiliencia y la investigación para definirla.

De forma definitiva y dando un giro al enfoque tradicional de la psicología, desde la década de 1970 los doctores Martin Seligman y Mihaly Csikszentmihalyi inician su contribución clínica de lo que hoy se ha denominado como Psicología Positiva, la cual nos brinda la importante aportación de reconocer que la resiliencia depende, en buena parte, de ciertas características de personalidad que cualquiera de nosotros puede desarrollar.

El porqué algunas personas son capaces de superar lo indecible en contra de todos los pronósticos obliga a la psicología a aplicar sus esfuerzos para aprender no tanto el porqué caemos en el trastorno de la enfermedad, sino por qué a pesar de la catástrofe no enfermamos y logramos crecer.

El pensamiento positivo, que en algún momento se consideró como el quehacer de los «ilusos», es en gran parte la clave para este nuevo enfoque psicológico. Después de todo, es nuestro pensamiento el que nos puede ahogar en el vaso de agua o ayudarnos a redescubrir la alegría de vivir y de amar a pesar de las tormentas.

Este libro desea compartir contigo la esperanza que surge de lo más reciente en la investigación y estudio de nuestra psique. Explicaremos qué es en realidad la resiliencia y el valor que tiene para nuestra calidad de vida.

Y ya que al igual que muchos investigadores tú, como yo, nos hemos preguntado por qué no hemos sido capaces de tolerar ciertos embates o por qué hemos logrado florecer a través de algunas crisis, en el segundo capítulo expondremos los considerados factores de riesgo que pueden incrementar nuestra fragilidad y convertirnos en personas más fácilmente quebradizas. Independientemente de que esos factores suelen hacerse presentes en nuestra infancia, debemos reconocer nuestra forma de pensar, así como muchos de los sentimientos que albergamos por situaciones presentes o pasadas, para evitar ahogarnos ante el golpeteo de las olas.

En el tercer capítulo exponemos las características de la resiliencia, contemplada como la estructura formativa de una condición resiliente en nuestra personalidad que requiere de un cuestionamiento de viejas creencias.

En el cuarto capítulo incluimos las características que consideramos relacionadas a una resiliencia interiorizada y que se refieren fundamentalmente al arduo trabajo de nuestra voluntad para modificar actitudes profundas.

En ambos casos, todas las características constituyen la columna vertebral de nuestra resiliencia. No faltará quien diga que no las tiene o que no puede adquirirlas, sin embargo, y como lo expondremos, nuestra forma de pensar sigue estando sujeta a nuestra determinación por ser los amos de nuestro pensamiento y no sus esclavos. Es por ello que William James, desde el siglo XIX afirmaba: «Cambia tu pensamiento y cambiarás tu vida».

Por otra parte, recordemos que más allá de cualquiera de nuestras circunstancias, nuestra verdadera libertad radica en que siempre podemos cambiar nuestro pensamiento y, por lo tanto, nuestras creencias y actitudes. El libro nos brinda la oportunidad de hacerlo.

El quinto capítulo lo hemos dedicado por entero al tema de la espiritualidad, que aunque está considerada como una de las características de la resiliencia, conlleva tantos matices que la convierten en el eje rector de todas las demás. Hoy, ante la acometida de tantos problemas que parecen no tener solución, nos lamentamos de la pérdida de valores, aunque como bien se ha afirmado, los valores no se han perdido, lo que se ha perdido es la gente que los practique.

La fe y los valores espirituales son tan importantes porque, más allá de nuestras creencias, nos ayudan a tener una perspectiva positiva y esperanzadora, estando inmersos en la tempestad. Como la psicología positiva señala, la salud mental no depende de un realismo a ultranza que nos obligue a confrontar de manera descarnada todo nuestro dolor; es más bien nuestra capacidad imaginativa, apoyada en la fortaleza de nuestro espíritu y que nos da la creatividad para concebir nuevas alternativas, la que nos rescata de los más severos trastornos.

En el sexto y último capítulo, procurando llegar a conclusiones, tocaremos el tema de la felicidad, la cual ciertamente es posible siempre y cuando la comprendamos desde su dimensión interna. La felicidad no depende de circunstancias exteriores y no constituye una meta final en sí misma, sino una filosofía de vida y pensamiento que nos mantiene como personas abiertas a un mejoramiento infinito.

No hemos pretendido realizar una obra de referencia científica. Es por ello que no hemos querido saturar el libro con notas a pie de página. Sin embargo, considero que las lecturas recomendadas son de gran importancia tanto para el que quiera profundizar como para el que desee conocer la base clínica de nuestra obra. Cualquier error de apreciación lo asumo como exclusivamente mío.

Por otra parte, para profundizar más allá de la autoayuda que el libro puede brindarnos, no pretendemos dar *recetas* de cómo «ser resilientes en pocos días». Es por ello que al final de cada capítulo presentamos un cuestionario que no reclama respuestas fijas, buenas o malas, sino que constituye un punto de apoyo para nuestra reflexión en cuanto al autocuestionamiento de nuestros propios factores de riesgo, así como del desarrollo de las características que nos formen como personas resilientes y de profunda y legítima espiritualidad.

Te recomendamos que los cuestionarios se conviertan en una tarea de revisión periódica para que con el tiempo puedas apreciar los cambios realizados y trabajar con ahínco en las áreas que requieran de mayor esfuerzo.

La capacidad de responder y no tan sólo de reaccionar emocionalmente, así como el compromiso de una espiritualidad que busque siempre sentido a la vida a pesar de los abismos, es lo que caracteriza a quienes toman la decisión de saber crecer y no quedarse estancados en el sufrimiento y, eventualmente, en la amargura.

La fortaleza nos da la capacidad de buscar opciones y establecer estrategias en vez de responder con una maraña de pensamientos que sólo nos hacen predecir la innumerable cantidad de desastres que podrían llegar a ocurrirnos. Decía James A. Garfield: «He tenido muchos problemas en mi vida, los peores nunca ocurrieron».

Si no nos esforzamos por desarrollar las características de la resiliencia, nuestro umbral para el sufrimiento será cada vez menor y con mayor facilidad caeremos en los ciclos de la ansiedad y la tristeza.

Cuando algo desagradable o doloroso nos sucede, por nuestra preocupación tendemos a añadir más leña al fuego y así construir una realidad del evento y unas consecuencias mucho más trágicas de lo que en realidad han sido o pueden ser. Esto nos crea sufrimiento innecesario y con facilidad nos lleva a asumir el papel de víctimas. Caer en esa situación y permanecer en ella debilita nuestras posibilidades de sobreponernos y crecer, ya que se genera en nosotros un sentimiento de «indefensión» que nos paraliza y nos impide actuar para efectuar los cambios necesarios y salir adelante.

Toda crisis exige cambios, y si no los efectuamos, aunque con el tiempo lleguemos a sentir que por lo menos hemos sobrevivido a la catástrofe, estaremos convencidos de que nuestra vida ha quedado en el vacío e irremediablemente dañada para siempre; nos cansaremos con facilidad, sintiéndonos drenados de toda energía, física, mental y espiritual. Nos conformaremos con vivir de día en día, sin horizontes nuevos y sin esperanza alguna de alegría.

Ante el impacto del dolor, del sentimiento de víctima o de la sensación de vacío existencial podemos responder con depresión o bien, a pesar de nuestra tristeza, desplegar las características de nuestra resiliencia para sobreponernos y crecer gracias a lo que hemos padecido.

Es por ello que ser resilientes no significa que no lloremos o no tengamos momentos de rabia, de gran ansiedad o sentimientos de vacío, pero sí que a pesar de todo estemos dispuestos a luchar y salir adelante, ya sea venciendo a la adversidad, reconociéndola como el momento oportuno para desprendernos de lo que ya no debe estar en nuestras vidas o reasignando significado a nuestras pérdidas. Al ser resilientes y crecer tenemos la gran oportunidad de reinventarnos e infundir a la vida un nuevo color cuando sentíamos que la adversidad nos la arrebataba para siempre.

Nuestra respuesta general de fortaleza se nutre del sentido que le damos a la vida, de los pensamientos que habitan en nuestra cabeza y de los sentimientos que anidamos en nuestro corazón; pero, sobre todo, de los valores de nuestro espíritu, el cual siempre tiene la capacidad de responder movilizando también nuestros recursos físicos y psicoemocionales.

Ser resilientes, capaces de sobreponernos y crecer a través de las tormentas, se convierte en la más importante de nuestras habilidades. Aunque no todos participemos en una olimpiada, tengamos que ganar una elección frente a nuestros adversarios o necesitemos rescatar a una empresa de la quiebra, todos, independientemente de nuestra condición socioeconómica o cultural, tendremos que enfrentar el dolor, la pérdida, la desilusión y, por lo tanto, las tempestades de lo adverso.

Las aportaciones clínicas de la psicología positiva nos han hecho ver cómo nuestra capacidad de adaptación, nuestra fortaleza interior y las bondades de nuestro ser son capaces no sólo de reparar lo que ha sido roto, sino de crearlo de nuevo y hacernos florecer más allá de nuestras expectativas previas. Más que diagnosticar y tratar de reparar lo que está mal, la psicología positiva nos ayuda a identificar, nutrir y potenciar todo lo que sí está bien.

Más que centrarnos en tratar de identificar y remendar nuestros quebrantos, este nuevo enfoque nos libera de la obsesión por los laberintos de nuestro inconsciente y por las vulnerabilidades de nuestra emotividad, para dirigir nuestra atención hacia todo aquello por lo cual merece la pena vivir, que potencia nuestras fortalezas y virtudes. Más que explicarnos por qué llegamos a enfermar nos ayuda a redescubrir lo que nos puede mantener sanos.

Como lo han mencionado Seligman y Csikszentmihalyi: «Nosotros creemos que una psicología positiva del funcionamiento humano surgirá para lograr una comprensión científica e intervenciones efectivas que ayuden a construir individuos, familias y comunidades que florezcan».

No podemos negar que en ocasiones necesitamos de un dolor intenso para despertar y volver a apreciar la belleza y el don de lo cotidiano, tal vez porque hemos dejado de valorar la magia de nuestra fortaleza interna y nos dejamos llevar por el oleaje de la vida, como si hubiéramos perdido toda habilidad de maniobrar las velas.

Ciertamente, la adversidad nos ayuda a descubrir talentos que ni sospechábamos tener y así potenciar lo que nos hace fuertes, felices y amorosamente involucrados con la aventura de vivir. Somos mucho más fuertes que cualquier cosa que pueda sucedernos. Dios nunca permitiría en nuestra vida aquello que no fuéramos capaces de manejar.

¿Podemos trascender los más grandes obstáculos, sortear las más atropelladas tormentas si somos conscientes de que nuestro potencial y nuestra fortaleza florecen ante el dolor de la adversidad?

Definitivamente, tenemos esa capacidad. Cada una de las características que la conforman pueden ser desarrolladas y la genuina espiritualidad que suele surgir desde lo profundo nos llevará a dejar de languidecer para saber crecer con plenitud.

Si miramos con cuidado y tomamos conciencia de que todas las tormentas que se ciernen sobre nosotros tienen un propósito, como si una mano las guiara, cada una con su propio significado, entonces comprenderemos que nuestras peores tempestades pueden ser la semilla de nuestros mejores horizontes.

1. Resiliencia y calidad de vida

*Toda adversidad y todo dolor
prepara nuestra alma para tener visión.*

Martin Buber

Todos los seres humanos crecemos en términos cronológicos, pero no siempre sabemos crecer en términos de madurez y sabiduría. Cuando sientes que la vida se te derrumba, cuando de golpe llega a tus puertas la adversidad, ¿cómo respondes?

Hay quienes se consideran víctimas y de inmediato señalan a otros como culpables de su desgracia; otros se aíslan y, en medio de su soledad, se sienten indefensos y abrumados, y otros más se enojan y lastiman a quienes les rodean.

Sin embargo, también hay personas que a pesar del dolor, el enojo o las lágrimas buscan dentro de sí mismas y encuentran opciones para manejar la adversidad, logrando que las cosas mejoren. Éstas son personas resilientes, es decir, individuos con una extraordinaria capacidad para sobrevivir a las crisis y a las dificultades extremas. Son personas que logran un equilibrio emocional y no sólo se recuperan, sino que también crecen espiritualmente al adquirir fortaleza a través del reto. Además hacen que la adversidad se convierta en oportunidad y la experiencia en un aprendizaje, logrando así un nuevo y mayor nivel de madurez y sabiduría. Cuando somos capaces de hacer esto SABEMOS CRECER.

¿De dónde viene y qué significa resiliencia?

Resiliencia es un término que procede de la física y que se refiere a la capacidad de un material para recuperar su forma inicial después de soportar una presión que lo deforma.

Como seres humanos, toda experiencia vivida nos afecta. Sin embargo, si somos resilientes no sólo podremos recuperarnos después de soportar una presión, sino que lograremos aprender, crecer y ser mejores. Por lo tanto, la resiliencia aplicada al campo de la psiquiatría y psicología cambia su definición.

RESILIENCIA:
Capacidad de enfrentar la adversidad
y salir fortalecidos de ella.

El doctor Gerónimo Acevedo, médico y miembro fundador de la Sociedad Latinoamericana de Logoterapia, la define así: «La resiliencia personal consiste en tener la capacidad de afrontar el sufrimiento, reconstruirse y no perder la capacidad de amar, de luchar, de resistir. No es una destreza que hay que dominar, sino una realidad que hay que descubrir, que hay que desplegar».

Si a pesar del dolor buscamos la oportunidad para crecer, nuestra percepción de la adversidad cambia.

Ser resiliente es tener la habilidad del alquimista: procurar convertir el plomo en oro, tener la capacidad de reírse hasta de uno mismo, de mostrar empatía y, de manera muy importante, poseer la imaginación para ocuparse en planificar la vida de manera realista y creativa.

Resiliencia es el arte de navegar en medio de las tormentas. Una adversidad trastorna la vida y desvía nuestra embarcación a un nuevo rumbo, al que no hubiéramos querido ir. Nos encontramos enfrentando corrientes que nos arrastran y nos llevan hacia un mar donde el oleaje nos golpea y parece que está a punto de hundirnos. La persona resiliente descubre y potencia los recursos de su interioridad para luchar y no dejarse arrastrar por el impacto de un mar embravecido.

Una de las investigadoras destacadas dentro de la psicología positiva, la doctora Werner, ha expresado que una persona resiliente tiene la capacidad de responder emocionalmente controlando sus impulsos y centrando su atención. Tiene la habilidad de conservar el sentido del humor en situaciones poco fáciles y, de manera especial, posee una visión idealista y proactiva que la ayuda a sobreponerse a la adversidad.

Ser resiliente es ser capaz de transformar, gracias a la fortaleza de nuestro espíritu, la disonancia estridente de la desesperación en un himno a la vida. Sin embargo, es importante precisar que ser resiliente no significa ser invulnerable.

Aun las rocas más grandes y fuertes son vulnerables al golpe incansable de las mareas. Sería absurdo que pretendiéramos invulnerabilidad como seres humanos, ya que ello sólo significaría una incapacidad de aceptar nuestros límites y de reconocer nuestras imperfecciones.

La resiliencia nos da la capacidad de doblarnos sin rompernos y, una vez doblados, volver a enderezarnos. Buen ejemplo de ello nos lo dan las palmeras, que humildemente agachan su cabeza para dejar pasar los fuertes vientos y recobrarse y seguir creciendo después de las tormentas.

Aunque no se debe reducir la resiliencia al significado de adaptación, no podemos negar que la flexibilidad de nuestra forma de ser juega un papel importante en ella.

Por otra parte, la resiliencia nos ayuda a distanciarnos del desánimo, que nos impide siempre ver el rostro positivo de la realidad; nos libera, así, de la tiranía irracional del determinismo, que parece hacernos perder la memoria de la fuerza de nuestro espíritu. La resiliencia nos da capacidad de tomar distancias, de tomar conciencia para comprender que en ningún caso *somos* lo que nos sucede.

También hemos de considerar la resiliencia como un proceso, un saber crecer. Es evolucionar y tener el valor de darle sentido a nuestra propia historia.

Si nos preguntamos por qué alguien se derrumba ante la adversidad, también deberíamos plantearnos por qué hay quien no se derrumba. Si presentamos ambas preguntas cuando dos personas pasan por iguales circunstancias, nos daremos cuenta de que la adversidad no determina el resultado, más bien se convierte en un acontecimiento que depende de la respuesta que cada persona le dé.

Se podría pensar que hay quien nace con una capacidad natural para luchar y sobreponerse, pero la realidad es que todos necesitamos crecer en nuestra capacidad de ser conscientes y trabajar para desarrollar las habilidades que se requieren y que todos en nuestro interior poseemos. Las circunstancias pueden ser inevitables, pero nuestra forma de responder a ellas siempre será libre y no sujeta a los acontecimientos exteriores.

Casi nunca recurrimos a nuestra fortaleza interior hasta que no nos enfrentamos a un profundo dolor, pero una vez que lo hacemos y logramos salir adelante logramos crecer y ser mucho mejores. Las experiencias más terribles de nuestras vidas, a pesar del dolor que conllevan, se convierten en las experiencias de superación y autodescubrimiento más importantes.

Podemos ser en extremo vulnerables en lo físico y aun en lo emocional, pero también extraordinariamente resilientes en lo espiritual, en nuestros valores y en nuestras creencias. La vulnerabilidad nos enfrenta a nuestra impotencia; la resiliencia, a nuestro potencial. Muchos quedan atrapados en experiencias dolorosas y no encuentran la salida, pues han paralizado su capacidad de respuesta y su propia voluntad de encontrar sentido a sus vivencias.

Tener una actitud resiliente no significa que no tendremos que cruzar por los grandes abismos de la incertidumbre, el estrés o el conflicto. Significa tener la capacidad para descubrir en nosotros mismos los recursos necesarios para transitar por tales situaciones, superarlas y prosperar. Lograremos sobreponernos y crecer a través de los más grandes obstáculos si llegamos a ser conscientes de que nuestros mayores recursos y fortalezas se evidencian gracias a que hacemos frente a la adversidad. Porque así como existe la respuesta del estrés postraumático, puede existir también la respuesta de resiliencia y crecimiento ante cualquier situación dolorosa y traumática.

Decirnos a nosotros mismos o pensar «yo no puedo hacer nada» refleja nuestra renuncia al potencial que nos distingue de los animales, a nuestra fortaleza interior y a la capacidad de ser resilientes y de crecer a través de los retos que la vida nos presenta.

El desarrollo de la resiliencia puede considerarse en paralelo con el desarrollo saludable del ser humano. Así de importante es su contribución a nuestra calidad de vida.

CUESTIONARIO
¿Hasta qué punto eres resiliente?

Da a cada una de estas afirmaciones una puntuación del 1 al 10 y anótalo sobre la línea de la derecha.

1 punto significa que no te identificas en nada con la propuesta. 10 puntos, que te identificas en todo con ella. Entre el 1 y el 10 podrás ubicar tu grado de identificación, que va de menos a más.

1. Cuando me enfrento a una situación crítica procuro mantenerme sereno y me concentro en lo que yo podría hacer para resolver la situación. _4_
2. Considero que tengo una buena autoestima y confianza en mí mismo. _4_
3. Procuro siempre aprender de mis experiencias y también de la experiencia de otras personas. _6_
4. Soy perseverante ante los obstáculos. _5_
5. Considero que soy capaz de tomar mis propias decisiones. _8_
6. Logro adaptarme a los cambios y no me estanco ante los conflictos. _5_
7. Soy capaz de reconstruirme emocionalmente después de alguna pérdida. _6_
8. Confío en mi intuición y puedo vislumbrar soluciones creativas a los problemas. _5_
9. Tengo la capacidad de escuchar y sentir empatía por los demás. _6_
10. Puedo convertir la adversidad en una oportunidad, reconociendo que siempre puede aportarme beneficios inesperados. _5_

11. Me considero optimista, reconozco que toda dificultad no será permanente, confío en poder sobreponerme y hacer que las cosas salgan bien. _7_
12. Puedo adaptarme a la personalidad de las diversas personas con quienes me relaciono. _8_
13. Considero que tengo una buena capacidad para razonar y aplicar la lógica en la solución de mis problemas. _7_
14. No tengo dificultad para expresar mis sentimientos ante otras personas y puedo canalizar mi enojo adecuadamente sin reprimirlo. _5_
15. Me gusta divertirme y encontrar razones para reír y apreciar el lado humorístico de las situaciones y de mí mismo. _6_
16. Soy capaz de tolerar la incertidumbre y tener paciencia ante situaciones que requieren tiempo para definirse. _6_
17. Soy una persona curiosa; me gusta saber cómo y por qué funcionan las cosas, experimentar y hacer preguntas. _5_
18. Soy capaz de pedir ayuda cuando la necesito y de sobreponerme a las desilusiones con la esperanza de que algo mejor vendrá después. _7_
19. Soy tolerante ante mis propias contradicciones y procuro ser flexible conmigo mismo y con los demás. _7_
20. Considero que soy mejor persona y que he logrado crecer en fortaleza interna gracias a las adversidades que me ha tocado vivir. _7_

PUNTUACIÓN TOTAL _113_

EVALUACIÓN

165 puntos o más	Eres muy resiliente.
De 140 a 164 puntos	Eres más resiliente que la mayoría de las personas.
De 105 a 139 puntos	Te esfuerzas por ser resiliente y lo logras.
De 95 a 104 puntos	Tendrás que luchar mucho más para desarrollar las características de la resiliencia.
Menos de 95 puntos	Busca un apoyo que te ayude a lograr ser resiliente.

2. Factores de riesgo: lo que nos hace vulnerables

Si se pudiera proteger a los acantilados de las tormentas, nunca podría admirarse la belleza de sus quebradas.

Elizabeth Kübler Ross

La resiliencia es fortaleza. A lo largo del camino de nuestra vida nos ayuda a sobreponernos a los obstáculos, a retomar el rumbo y a crecer. Como un buen compañero de viaje, este libro nos irá mostrando qué necesitamos para llegar a ser resilientes.

Pero recordemos que para poder llegar a un destino necesitamos primero saber cuál es nuestro punto de partida. Así que tomemos como referencia la evaluación del cuestionario anterior.

Reflexionemos: por algo estamos donde estamos. ¿Qué nos trajo hasta aquí? ¿Hasta qué punto es frágil nuestra posición? Décadas de estudio e investigación señalan circunstancias específicas que nos colocan en situaciones de riesgo que nos hacen más vulnerables. Veamos si identificamos algunas de ellas en nuestra trayectoria personal.

FACTORES DE RIESGO
- Desacuerdos graves en la pareja.
- Nivel socioeconómico bajo.
- Pobre autoestima.
- Hacinamiento en el hogar.
- Criminalidad paterna.
- Trastorno psiquiátrico materno.
- Alcoholismo en alguno de los padres.
- Rigidez en las actitudes y creencias.
- Violencia intrafamiliar.

Los desacuerdos graves entre los padres tienden a crear culpabilidad en los niños que los viven, con la consecuencia de sentimientos de impotencia ante tales conflictos.

Un nivel socioeconómico bajo puede crear mucha inseguridad en los pequeños, que no tienen certeza de recibir lo indispensable para su supervivencia.

En relación con la autoestima y, aunque a cualquier edad somos capaces de sanarla y fortalecerla, no debemos negar que durante nuestra infancia podemos recibir influencias, y que estar sometidos a un trato que nos subestima es un factor que tendremos que remontar con esfuerzo en el futuro.

Tristemente, en muchos países persiste aún, casi siempre por limitaciones económicas, el hacinamiento. Varios miembros de una familia extensa llegan a cohabitar en un solo espacio. Esto puede favorecer, en muchas ocasiones, la promiscuidad y el abuso que lastiman la percepción que los niños pueden tener de sí mismos.

La criminalidad suele convertir al padre en una figura ausente y promueve, junto con las carencias, un gran sentimiento de temor y también de vulnerabilidad en todos los niños.

Los trastornos de orden psiquiátrico en la madre la convierten en una figura distante y poco capaz de satisfacer las verdaderas necesidades afectivas de sus hijos. Una madre siempre deprimida o inclusive incapaz de respuesta por su extraordinaria sumisión ante una figura amenazante, desintegra el importante eje de apoyo que debe representar para sus hijos. Resulta interesante saber, como lo ha observado la investigación clínica, que la figura de una madre amorosa y fuerte es un factor muy común en las personas resilientes.

Adicciones como el alcoholismo rompen la estabilidad familiar. Las crisis que provocan y los comportamientos inexplicables a los ojos de los niños pueden ser causa de culpabilidad e incontable dolor.

La rigidez en las actitudes y creencias de los adultos convierten el entorno de los niños en un ambiente generador de muchos miedos, carente de la flexibilidad necesaria que la resiliencia requiere para favorecer los cambios inevitables que la vida nos exige.

La violencia intrafamiliar se descubre cada vez más como uno de los factores de mayor incidencia para que el desarrollo de los niños no sea el adecuado y los lleve a comportamientos que en su adolescencia y edad adulta pueden considerarse patológicos, reduciendo así la capacidad de una respuesta sana ante los conflictos.

Según la investigación realizada durante las últimas tres décadas del siglo XX por investigadores de la talla de Werner y Smith, cuando en la vida de un niño están presentes cuatro o más de estos factores de riesgo, sus posibilidades de éxito al llegar a la edad adulta son únicamente del 25 por ciento.

Un ambiente negativo en la familia por este tipo de situaciones o por prejuicios, persecución o una religiosidad fanática, alimentará nuestro interior mientras crecemos. Y, sin importar la causa, los ambientes familiares negativos siempre tendrán y crearán secretos, lo que se traducirá en deshonestidad y una actitud defensiva ante las emociones.

En este tipo de familias resultará poco fácil para los niños reconocer y definir qué es real y qué no lo es, porque la incapacidad de los padres para manejar su propia situación hace que las cosas se mantengan ocultas. Una buena adaptación en estas familias resulta poco probable porque los secretos y la deshonestidad crean una gran incongruencia. Los niños nunca saben a qué atenerse y la incertidumbre les genera constante preocupación y temor hacia todo.

Las familias disfuncionales tienden a mostrarse de una manera muy diferente a como en realidad son. Presionan a los niños para que oculten sus sentimientos, ya que las apariencias son consideradas lo importante. Desarrollan patrones de comportamiento que no son congruentes con la realidad y conceptos que se prestan a la manipulación.

Para los niños que crecen en este tipo de atmósfera el mensaje es: para ser buenos hay que callarse, siempre ceder y no mostrar lo que sienten; ser malo significa ser espontáneo y auténtico en la forma de expresar sus sentimientos y tener opiniones propias, diferentes a los demás. Esta experiencia, que se convierte en cotidiana, conduce eventualmente al desarrollo de represiones emocionales.

De hecho, el mayor daño que provoca un ambiente familiar negativo y disfuncional es que deforma la expresión espontánea de los sentimientos por parte de los niños, minando su valor para ser autónomos. Ni qué decir del enorme vacío educativo en materia de valores, sin los cuales no hay fortaleza de espíritu.

Sin embargo, a pesar de haber vivido en este tipo de ambiente familiar, a estos niños se les puede proporcionar una enorme ayuda para sobreponerse a esta adversidad. Esa ayuda puede provenir de maestros, otros familiares o de alguien cercano, aunque no sea un miembro de la familia, inclusive de algún «héroe» que el niño admire y desee imitar. En realidad, lo único que de verdad necesitamos es que alguien, en algún momento, crea en nosotros.

Por otra parte, lo que también nos permitirá superar muchos de estos factores es aceptar a nuestros padres como realmente han sido y en muchos casos siguen siendo. El aparente «simple hecho» de reconocer con serenidad que no podemos esperar de ellos lo que necesitamos, nos libera de la expectativa de que cambien y adquirimos entonces la fortaleza para responsabilizarnos de nuestro propio cambio, lo cual nos hará posible mejorar nuestra vida.

TIPOS DE PÉRDIDA

*Quien ha llorado mucho tiene una vista más clara
para escrutar las estrellas y una mirada más profunda
para las cosas de todos los días.*

LOUIS VEUILLOT

Una de las razones por las cuales los factores de riesgo nos pueden causar daño es porque tienden a provocar en nosotros un sentimiento de pérdida. Las pérdidas que han demostrado ser más frecuentes son:

TIPOS DE PÉRDIDA
- La pérdida del amor
- La pérdida del control
- La pérdida de la autoestima

El sentimiento de pérdida de amor es el resultado de una suma de eventos que nos hacen creer que no somos dignos de ser amados. El rechazo o el abandono, la pérdida de un ser querido o quedarnos sin la protección de alguien significativo se convierten en experiencias que nos pueden crear un gran vacío.

La pérdida del control es lo que sentimos cuando no se toman en cuenta nuestras opiniones y se nos impide tomar cualquier tipo de decisión, incluyendo aquellas que sólo nos competen y nos afectan directamente. Sintamos lo que sintamos se nos sujeta siempre a lo que otra persona determina para nosotros, a pesar del dolor que esto puede causarnos.

Perdemos nuestra autoestima cuando nos hacen sentir constantemente avergonzados, ridiculizados, incapaces o, peor aún, cuando somos ignorados por alguien significativo y en cuya relación se apoya gran parte de nuestra seguridad, como es el caso de nuestros padres cuando somos pequeños. El que se nos subraye siempre el lado imperfecto de nuestra persona y no se nos brinde ningún tipo de reconocimiento por nuestros aciertos constituye también una causa de pérdida de nuestra autoestima.

Si no logramos reconocer y reconciliarnos con la realidad de haber sufrido alguna de estas pérdidas, esa experiencia invadirá casi todos los aspectos de nuestra vida emocional, haciendo que se nos desintegre la alegría y que el dolor se convierta en constante sufrimiento.

Pero ¿cómo abrirnos y abrir nuestro propio horizonte después de recorrer un laberinto de conflictos? ¿Cómo asumir nuestro desarrollo y reconstruir el camino cuando lo sentimos truncado?

Comencemos por reconocer que en el trayecto de nuestra vida nunca habremos de carecer de obstáculos. Cuando todo nos parece cuesta arriba, la autodisciplina y tener la mira puesta en la cima nos allanan el camino. Los altos en la ruta son oportunidades para reflexionar y corregir el rumbo. Saber manejar nuestros conflictos, desarrollar nuestra resiliencia y profundizar en nuestra espiritualidad nos permitirá retomar la dirección y seguir ascendiendo.

Muchas cosas en la vida han estado y estarán fuera de nuestro control, pero la manera en que las enfrentamos será siempre nuestra responsabilidad. Ya desde el primer siglo de nuestra era, el filósofo Epicteto muy acertadamente nos previno de que para ser felices es preciso saber distinguir entre lo que está bajo nuestro control y lo que no lo está, y que más allá de los eventos en sí, siempre será la actitud con la que los enfrentemos la que nos causará o evitará el sufrimiento. Somos siempre responsables de nuestras actitudes.

La vida es demasiado fértil y nos ofrece tantas alternativas que no debemos reducirla a formas tan estrechas de respuesta, pues como muchos lo han comprobado y lo afirma el neuropsiquiatra Boris Cyrulnik: «Basta una minúscula voluntad de sentido para transformar a un patito feo en un hermoso cisne».

Que la adversidad existe es una realidad que no pretendemos ignorar, lo que sí debemos cuestionar es hasta qué punto resulta saludable cederle el espacio preferente en nuestra vida y convertirla en el tema central de nuestro pensamiento y la razón que justifique nuestra conducta.

En el desarrollo y manejo de la resiliencia nuestra forma de pensar juega un papel de extrema importancia. La resiliencia tiene mucho que ver con nuestro control interno y con nuestra dinámica mental. Puesto que el contenido y enfoque que damos a nuestros pensamientos dependen enteramente de nosotros, tenemos que asumir el control de lo que pensamos. Esto es indispensable para ser resilientes; no esforzarnos por tener ese control constituye un grave riesgo.

PENSAMIENTO SIN CONTROL

Nada fuera de tu mente puede perturbarte.
La conmoción proviene de la opinión que tu mente
tiene de lo que está fuera de ella.

MARCO AURELIO

Sentir-pensar que carecemos de todo tipo de control, de la capacidad de manejar nuestros propios problemas constituye un gran riesgo para construirnos como personas resilientes.

En su teoría del control personal, el doctor Martín Seligman, pionero de la Psicología Positiva, hace referencia a dos conceptos fundamentales: la «indefensión aprendida» y el «estilo explicativo».

Si nos detenemos y reflexionamos un instante nos daremos cuenta de cuán íntimamente relacionados están ambos conceptos.

La «indefensión aprendida» se refiere a la actitud de darnos por vencidos. Es la reacción casi inmediata, ante la adversidad, de renunciar a creer que podemos hacer algo, de pensar más bien que, hagamos lo que hagamos, ya nada tiene solución.

El «estilo explicativo» se refiere a la forma en que habitualmente nos explicamos a nosotros mismos por qué las cosas suceden. Este estilo se convierte en el gran promotor y regulador de nuestra reacción de indefensión aprendida. Existen muchos estilos explicativos, pero dos de ellos han sido ampliamente estudiados y reconocidos por sus efectos: el estilo optimista, que detiene la reacción de indefensión, y el estilo pesimista, que invariablemente la acrecienta.

La manera y los «porqués» con los que nos explicamos a nosotros mismos lo que nos acontece determinarán hasta qué punto nos sentiremos indefensos o fortalecidos al hacer frente a nuestros problemas cotidianos o a las grandes tormentas que se llegan a presentar.

Nuestro estilo explicativo refleja lo que dice nuestra mente y siente nuestro corazón. Cuando nos aferramos obstinadamente a un estilo pesimista, caemos en la indefensión y podemos quedar atrapados en el pasado.

«NOSTALGIA TÓXICA»

Que las aves de la tristeza vuelen sobre tu cabeza, esto no lo puedes evitar, pero que construyan sus nidos en tu cabello, esto lo puedes prevenir.

PROVERBIO CHINO

Cada vez que el dolor de experiencias pasadas interfiere en nuestro presente, caemos en lo que el doctor David Viscott denomina «nostalgia tóxica», que toma la forma de un sentimiento, un pensamiento o un comportamiento que se apodera de nosotros y nos envuelve, permitiendo que añejas emociones se adueñen, condicionen y distorsionen nuestra realidad actual.

En ocasiones, estos sentimientos reavivan nuestras viejas actitudes negativas, como la creencia de que no valemos, que no somos dignos de amor, que estamos destinados al fracaso, que somos estúpidos, incapaces o que, definitivamente, no existe esperanza alguna para nosotros.

A pesar de que en nuestro presente ciertas experiencias nos hagan sentir que alguna de estas creencias puede tener algo de cierto, ya que todos pasamos por momentos en que nos sentimos no queridos o con la sensación de haber cometido una tontería, la nostalgia tóxica y los sentimientos y pensamientos que nos genera hacen que nuestra historia del pasado la experimentemos como un determinante absoluto de nuestro presente, lo cual nos creará una convicción de que esas creencias son verdades absolutas, cerrándonos a toda esperanza y a cualquier posibilidad de cambio.

¿Cuál de los dos caminos vamos a elegir? ¿El de ir por la vida en calidad de víctimas de nuestras circunstancias pasadas o el de ser los arquitectos de nuestro destino? El primero es el del menor esfuerzo, el que va cuesta abajo, directo hacia la codependencia, la frustración, la amargura y la baja autoestima. Para tomar el segundo hay que ir ligeros de equipaje, pues la subida se dificulta si llevamos nuestro pasado a cuestas. Por esta vía dependemos de nuestro propio esfuerzo y de nuestra determinación para alcanzar la autorrealización. Cómo somos y cómo nos sentimos es resultado de nuestra elección.

Nuestro pasado es fuente de experiencia, pero esa experiencia es tan sólo un aprendizaje que necesitamos poner en perspectiva. La más importante perspectiva que podemos darle a nuestra historia es la que acepta lo que nos ha sucedido y nos ayuda a crecer, reflejando nuestra disposición de perdonarnos a nosotros mismos y a aquellos que nos lastimaron.

En buena medida, nos sentiremos en el presente según cómo contemplemos nuestro pasado. Todos tenemos una historia y el presente, para ser sano, nos exige vivir en paz con ella.

Si no hemos llegado a comprender cómo los sentimientos del pasado se entrometen en nuestra vida presente no llegaremos a saber de verdad cuáles son los auténticos sentimientos que corresponden a la realidad de hoy.

Reconocer e identificar la nostalgia tóxica es el primer paso que debemos dar para asumir el control de nuestra vida, ya que cuando este tipo de nostalgia aparece tendemos a evadir la responsabilidad de lo que hoy nos sucede. Aun cuando en el presente tengamos confianza, el dolor del pasado puede doblegar nuestra seguridad y resquebrajar nuestra fortaleza.

Pero ¿qué crea en nosotros la nostalgia tóxica? ¿Cuáles son sus componentes?

COMPONENTES DE LA NOSTALGIA TÓXICA
1. Un sentimiento que no hemos procesado y necesitamos sanar.
2. Reacciones defensivas.
3. Vivir como presente una herida del pasado.
4. Culpabilidad.
5. Rencor.

Un sentimiento que no hemos procesado y necesitamos sanar. Algunas experiencias del pasado han dejado en nosotros un sentimiento atrapado, que no hemos podido expresar o asumir y que, por lo tanto, nos sigue provocando dolor.

Reacciones defensivas. Cualquier vivencia que nos exponga como frágiles y que no hayamos podido asimilar en perspectiva nos creará una sensación de inseguridad que nos obligará a estar continuamente protegiéndonos del entorno.

Vivir como eterno presente una herida del pasado. Cada vez que algo del presente se asemeja, aun en lo más mínimo, a la condición o al ambiente de una experiencia que fue dolorosa caemos en una especie de regresión.

Culpabilidad. No sólo evita que dejemos el pasado donde pertenece, sino que contamina nuestro presente con sentimientos de no ser merecedores de lo que tenemos, generando la necesidad de algún tipo de autocastigo.

Rencor. Todo aquello que aún no hemos perdonado nos crea alguna expectativa de venganza o retribución, con lo cual la frustración del pasado se eterniza en el presente.

Más adelante, al hablar de las características de la resiliencia, trataremos el tema de cómo ayudarnos a superar esta nostalgia. Pero antes debemos ser conscientes de los peligros que nos pueden impedir lograrlo.

PELIGROS

Los débiles sucumben no por ser débiles,
sino por ignorar que lo son.

SANTIAGO RAMÓN Y CAJAL

Sin importar las situaciones de riesgo que hayamos vivido a lo largo de la vida, los seres humanos siempre tendremos la posibilidad de sobreponernos y crecer. No obstante, existen trampas en las que podemos caer y que nos impedirán desarrollar las características propias de la resiliencia. Estas trampas son peligros ante los cuales debemos estar alerta.

PELIGROS
1. Deshonestidad.
2. Ganancias secundarias.
3. Actitudes destructivas.
4. Drogas y alcohol.

Deshonestidad. Corremos el riesgo de caer en esta trampa al no reconocer la realidad de los hechos y evitar aceptar nuestra parte de responsabilidad por lo que ocurre. Para salir de ella hay que reconocer que si fuimos parte del problema podemos ser parte de la solución.

Ganancias secundarias. Una doble trampa, pues por una parte exageramos la dimensión y alcance de nuestra herida para obtener compasión, favores o cualquier consideración que no hubiéramos recibido si estuviéramos bien. Por otra, quedar atrapados en nuestra tragedia nos facilita asignar la culpa de nuestra situación a los demás para obtener su conmiseración, justificando así nuestra parálisis. La única salida es hacernos responsables de nuestros actos, luchar por nosotros mismos y seguir adelante.

Actitudes destructivas: La incapacidad de perdonar, que nos impide dejar atrás lo que alguien hizo, esperando siempre que la vida nos haga justicia. El apego a nuestras propias expectativas, que tal vez no estén relacionadas en lo más mínimo con la realidad de nuestro entorno o de las personas que nos rodean y que nos pueden desgastar la vida esperando que los otros cambien. Las lealtades equivocadas, que bloquean la necesidad de cambiar. La hipersensibilidad que nos hace perder objetividad. El desaliento que nos convierte en personas apáticas. El ser hipercríticos y no encontrar satisfacción alguna en nada. El convertirnos en víctimas, lo cual nos paraliza.

Drogas y alcohol. Intoxicarnos para evadir nuestros auténticos sentimientos nos impide procesar las emociones. Puede ser que momentáneamente las expresemos, pero el mismo estado o condición en que lo hacemos nos aleja de la lucidez necesaria para tomar una perspectiva que nos ayude a sanar y genera mayor dolor. Debemos conseguir ayuda capacitada para salir de esta trampa.

No sufrimos porque nos hayan herido, sino por la manera en que hemos elegido manejar esa herida; eso es lo que nos impide sanar. Independientemente de la causa, o de la participación de otros en nuestra experiencia pasada, tenemos que aceptar la responsabilidad por la actitud que asumimos o el papel que nos asignamos en la supuesta tragedia.

Reparar las viejas heridas implica estar dispuestos a reconocer que somos vulnerables, que no somos perfectos, que lo que perdimos sí nos importaba. Es preciso tener la resolución de ser una mejor persona y hacernos responsables de nuestra vida.

Las heridas añejas se alivian más fácilmente cuando admitimos la verdad, aceptamos la responsabilidad que nos corresponde y perdonamos a los demás. Ésta es la clave de todo proceso de sanación. Recordemos siempre que cualquier verdad a la que nos resistamos desencadenará una batalla eterna en la que lucharemos sin esperanza de ganar.

Por más factores de riesgo, tipos de pérdida o heridas del pasado que hayamos experimentado, la investigación clínica respecto a la resiliencia ha cambiado la forma en que se percibe al ser humano: de un ser sometido e indefenso ante sus propias fragilidades, entendidas como carencias, a otro proactivo y con capacidad de crecimiento. La resiliencia saca el mejor partido de nuestras potencialidades y los recursos de la fortaleza espiritual que tenemos dentro de nosotros mismos, siempre al alcance.

Del pasado debemos rescatar el amor y hacer que la gratitud anide en nuestro corazón, a pesar del dolor. Los buenos sentimientos que hagamos florecer nos acompañarán más allá de toda desilusión o pérdida. Gracias a las adversidades nuestra vida se templa y da frutos.

Para superar lo que ha podido estar en nuestra contra, lo primero que necesitamos es asumir nuestro pasado con las tres condiciones que se requieren: admitir la verdad, aceptar la responsabilidad y saber perdonar.

EJERCICIO DE REFLEXIÓN
Reconciliarnos con nuestro pasado

Hagamos un alto para revisar cómo hemos transitado por nuestro camino. Te recomiendo que te relajes y con la mayor serenidad posible contestes las siguientes preguntas. Hacerlo te ayudará a tomar nota de aquellas cosas que merecen cambiar y que te pueden ayudar a crecer.

¿Con qué situación de mi pasado debo reconciliarme?

_____

_____

_____

¿Puedo aceptar que la gente haya sido como fue?

_____

_____

_____

¿Puedo comprender ahora, como adulto, que muchas veces actuamos incorrectamente sin ser plenamente conscientes de ello y que eso pudo haberles sucedido a diferentes personas a mi alrededor?

_____

_____

_____

_____

¿Por qué actué como actué?
___
___
___

¿Me doy cuenta de que hice lo que en ese momento podía hacer, de acuerdo a mi edad y mis conocimientos?
___
___
___

¿Me doy cuenta de que hice lo que en ese momento consideré era lo correcto?
___
___

¿Me doy cuenta de que tal vez en aquel momento hice lo que consideraba necesario para protegerme?
___
___
___

¿Estaría dispuesto a juzgar a alguien por haber hecho lo que consideró que tenía que hacer en ese momento con la información que disponía entonces?
___
___

¿Juzgaría a alguien sin compasión alguna por haber hecho lo que pensó era necesario para salvaguardar su propia seguridad?

_____

_____

_____

3. Características formativas de la resiliencia

La adversidad es un espejo en el que deben mirarse todos los que verdaderamente quieran conocerse.

Antonio Manero

Limitar la psicología al estudio exclusivo de lo patológico es negarle la auténtica posibilidad de convertirla en la ciencia más importante para la prevención de enfermedades tanto psicoemocionales como físicas.

Afortunadamente, hoy la investigación clínica nos confirma los recursos extraordinarios que existen en cada uno de nosotros y que se convierten en el potencial que nos hace resilientes, capaces de sobreponernos y crecer gracias a la adversidad.

Los factores más importantes que deben estar presentes para que exista la fortaleza que nos haga capaces de resistir los embates son: coherencia, resistencia al estrés y su manejo, control interno, fluir y esperanza. Cada uno de ellos se manifiesta en nuestra conducta a través de las características que aquí vamos a mencionar.

Es más fácil conformarnos con las limitaciones que explorar el arduo camino del autoconocimiento que nos lleva a desplegar el enorme potencial que poseemos y la fortaleza que representa para resolver nuestros problemas.

En la actualidad se están estudiando clínicamente las características que contribuyen a la felicidad humana. Todas ellas tienen el común denominador de los sentimientos positivos, aquellos que despiertan en nosotros un sano desahogo y la sensación de bienestar. La gran epidemia de depresión y ansiedad que hoy se vive no se debe tan sólo a las fragilidades de la persona y a los sentimientos negativos, sino también al escaso o nulo desarrollo de las capacidades que dependen de los sentimientos positivos. No sólo se ha logrado demostrar que existen características que amortiguan los trastornos y que pueden llegar a convertirse en una poderosa barrera para los mismos, sino que todas ellas pueden ser cultivadas y desarrolladas por cada uno de nosotros, independientemente de nuestra historia pasada.

Tomemos conciencia de las características que nos hacen resilientes y que nos debemos esforzar por cultivar y ejercer.

CARACTERÍSTICAS DE LA RESILIENCIA

- Saber comunicarnos
- Autoestima
- Autonomía
- Responsabilidad
- Inteligencia
- Sentido del humor
- Saber perdonar
- Madurez
- Apoyo social
- Optimismo
- Espiritualidad

Todas estas características despiertan en nosotros, entre otros, sentimientos de satisfacción, entusiasmo y confianza que nos ayudan a ampliar las alternativas para nuestro pensamiento y nuestra conducta, ayudándonos a construir una gran reserva de recursos que estarán disponibles tanto para las crisis de hoy como para las del futuro.

Las primeras cinco características de la resiliencia las podemos contemplar como la estructura formativa de una condición resiliente en nuestra personalidad, las cuales requieren de un cuestionamiento de viejas creencias. Por otra parte, las características que consideramos están relacionadas con una resiliencia interiorizada, se refieren fundamentalmente al arduo trabajo de nuestra voluntad para modificar actitudes profundas.

Los resultados de la investigación dentro de la psicología positiva nos sugieren que el desarrollo de estas características favorece nuestros patrones cognitivos y nuestra forma de pensar, haciéndolos más receptivos e integradores, lo cual favorecerá nuestra respuesta creativa a los retos que enfrentamos.

Todos hemos tenido alguna experiencia que nos ha mostrado que evocar los sentimientos positivos que surgen de estas características nos ayuda a ser más resistentes ante la adversidad y a disfrutar de una mayor fortaleza interior.

Enfrentarnos a nuestras tormentas con estos rasgos de carácter nos facilitará el acceso a nuestros recursos internos y a desarrollar planes de futuro, y a evitar la desesperación ante los sentimientos de impotencia que fácilmente nos hacen caer en la depresión y la ansiedad.

Todas estas características nos ayudarán a descubrir el sentimiento de fluir, que nos permite sentir que tenemos el control de nuestras acciones y podemos disfrutar de lo que hacemos, que somos siempre dueños de nuestro destino y que aun en las peores circunstancias podemos avanzar en el camino.

Del mismo modo que nuestro cuerpo dispone de un sistema inmunitario que le permite defenderse, nuestra psique posee también una capacidad de respuesta semejante que, más allá de los tradicionales mecanismos de defensa de Freud, se fundamenta en unas características de resiliencia que todos podemos desarrollar.

SABER COMUNICARNOS

Cuando parece que los demás no escuchan nuestros mensajes debemos preguntarnos: ¿Cómo puedo cambiar la forma de decir las cosas de manera que los demás sean más receptivos?

R. BROOKS, S. GOLDSTEIN

Aunque parezca increíble, aceptar la adversidad es la parte menos fácil del proceso de sanación. Generalmente negamos lo obvio y rehusamos admitir lo que es. Pretendemos inclusive hacer a un lado los hechos dolorosos para mantener una supuesta «esperanza» viva.

Sin embargo, sólo con aceptación aprendemos a vivir con una nueva realidad. Para lograrlo tenemos que empezar por saber poner en común nuestra experiencia, tanto con nuestra interioridad como con lo que nos rodea, y eso es comunicación.

Expresar lo que sentimos nos ayuda a desahogar emociones que, de pretender ocultar, pueden llegar a distorsionarse y, eventualmente, a causar más dolor y mayores problemas. A través de comunicar y escucharnos objetivamente a nosotros mismos podemos reflexionar la experiencia desde una perspectiva nueva.

Las siguientes estrategias nos ayudan a expresar y a iniciar el proceso de comunicación que favorece el camino al equilibrio y la salud interior:

1. Llorar

El gran médico sir William Osler nos ha hecho comprender que «la herida que no encuentra su expresión en lágrimas puede causar que los órganos lloren». Una gran verdad ante cualquier contratiempo que nos presente la vida, puesto que llorar nos libera, mientras reprimir las lágrimas nos estresa. Por eso no debemos temer llorar. Expresar nuestro dolor es vital para la salud física y mental. Si ha valido la pena amar algo, valdrá la pena llorarlo.

Llorar por una adversidad nos hace sentir la emoción, la hace más real. Al llorar escribimos la historia de nuestro dolor, de modo que otros puedan leer lo mucho que algo ha significado para nosotros. Recordemos que ser resilientes no significa ser imperturbables.

Hay quien piensa que permanecer imperturbable es un signo de equilibrio y fortaleza, pero no es así, es una deformación cultural que va totalmente en contra de la naturaleza misma.

Las lágrimas facilitan el camino de la comunicación emocional, nos ayudan a desprendernos de lo que tenemos que dejar ir y permiten que el proceso de sanación se inicie. Llorar no será siempre indispensable, pero siempre ayudará a mostrar nuestra humanidad y a evitar la represión.

2. Hacer silencio

El silencio tiene un gran poder para ayudarnos a curar las heridas. Nos propone el reto del cambio y nos obliga a cuestionar nuestras actitudes, clarificar valores, desmantelar ideas erróneas, combatir nuestro egoísmo y abrirnos al autoconocimiento y a la presencia de Dios en nuestro interior.

Los peligros de comunicarnos sin antes haber hecho silencio son:

- Hablar antes de ser verdaderamente conscientes de nuestros auténticos sentimientos.
- Aturdir con palabras, para no reconocer nuestras fragilidades.
- Precipitarnos al emitir juicios sobre otras personas.
- Dejarnos llevar por el deseo de llamar la atención.

El silencio no es sólo dejar de hablar, sino también dejar de lado todas aquellas distracciones que nos evaden de nuestra propia realidad. Al principio el silencio nos muestra la confusión en la que estamos, el caos de nuestros pensamientos y lo inestable de nuestros deseos. El silencio nos hace darnos cuenta de nuestro estado interno para reconocer lo que verdaderamente nos sucede.

El silencio nos ayuda a controlar la agitación y a sopesar las situaciones antes de exteriorizarlas a otros. Antes de reaccionar con desesperación debemos penetrar silenciosamente en la verdadera causa de nuestra tristeza. Saber comunicarnos con nosotros mismos.

Debemos considerar si lo que sentimos es en realidad el resultado de los acontecimientos exteriores o si somos nosotros mismos los responsables de la interpretación que le damos a esos acontecimientos.

Guardar silencio nos ayuda a aquietar las emociones interiores. No se trata de «reprimir» lo que sentimos (eso produce úlceras), sino de procesar los sentimientos, y para ello el silencio es indispensable, porque nos ayuda a desprendernos, a vencer nuestros exagerados deseos y necesidades. No significa una forma simple de abstenernos pasivamente de hablar, sino más bien una manera activa de hacer frente a lo que sentimos de verdad. El silencio da frutos únicamente cuando nos lleva a la quietud interior, nunca cuando se convierte en una fachada para nuestra soberbia o en una forma de agredir pasivamente al otro.

Por otra parte, el silencio y el hablar no son contradictorios, se complementan el uno al otro. Podemos decir que es nuestra forma de hablar la que demuestra cuán genuino es nuestro silencio.

San Benito decía: «Nuestro silencio no debe estar lleno de palabras, pero nuestras palabras deben surgir del espíritu del silencio, con humildad, con sobriedad, con respeto, con inteligencia, con caridad, con gentileza, con moderación y con sabiduría». En síntesis, nuestras palabras deben fluir de nuestra atención al espíritu.

Dejar ir el pasado significa cambiar actitudes. Para ello la reflexión en el silencio es indispensable. No podemos estar siempre enganchados a la gente ni a los lugares ni a las cosas que nos son queridas. Una y otra vez debemos desprendernos de aquello que nos es familiar y querido para vivir en el presente y estar abiertos al futuro.

Nuestro egoísmo es en muchas ocasiones demasiado angosto para poder dirigir el curso de nuestra vida frente al amplio horizonte de la realidad. En el silencio nos encontramos con el Dios en quien confiamos, y de esta manera el silencio deja de ser una inactividad pasiva para convertirse en un escuchar activo.

3. Asertividad

Ser asertivos es especialmente importante en nuestra comunicación y en el proceso natural que nos ayuda a sanar. Al ser asertivos reclamamos el lugar que nos corresponde, defendemos nuestros derechos y reconocemos afirmativamente los límites que son sanos. Nos permite expresar con claridad que no consentiremos el abuso y que para continuar en ese curso o con esa relación se deberán hacer cambios.

El propósito de demostrar nuestro malestar cuando estamos heridos es definir los límites de nuestra tolerancia y hacernos oír para que nadie malinterprete nuestras intenciones. Es una afirmación de autoestima y supervivencia.

Todos los seres vivos emiten señales cuando son lastimados o amenazados. Tal vez nuestra capacidad de ser asertivos quede oculta por nuestro miedo a ser rechazados o por las costumbres culturales y familiares que nos condicionaron y nos hicieron creer que protestar era poco educado y que «calladito te ves más bonito».

Independientemente de lo que nos hayan enseñado, existe un gran valor preventivo y curativo en ser asertivos cuando alguien a quien amamos nos lastima. Si no decimos nada sólo conseguiremos reprimir nuestro enojo, y eso se volverá contra nosotros. Las consecuencias pueden ser terribles: por un lado, nos veremos inmersos en relaciones de codependencia sumamente destructivas y, por otro, el amor que tenemos hacia la otra persona se erosionará cuando se instale en nuestro interior la rabia y el resentimiento. Ser asertivos se convierte en un acto emocionalmente terapéutico para nosotros y para nuestras relaciones.

En muchas ocasiones no somos asertivos porque sentimos que el riesgo de hacerlo es muy alto, ya que muchos no estamos dispuestos a vivir con veracidad.

¿Qué arriesgamos al ser asertivos? Descubrir que una persona importante para nosotros no nos ama o no le importan nuestros sentimientos; descubrir que nuestra percepción estaba equivocada; lastimar al otro; mostrar que no estamos dispuestos a obedecer sin cuestionar; que nos humillen, «que nos la devuelvan» o que ignoren nuestras peticiones.

Pero ¿qué ocurre si no somos asertivos? Que la persona con la que nos relacionamos no podrá saber qué sentimos o qué cosas son en realidad importantes para nosotros; nunca sabrá que nos ha herido y probablemente volverá a lastimarnos; no lograremos mejorar la relación; no atenderemos nuestras heridas oportunamente, y no hacerlo significará perder la mejor oportunidad para ser escuchados y clarificar cualquier situación.

El no ser asertivo equivale a acumular inconformidades y rencores que tarde o temprano saldrán a la luz, pero completamente distorsionados por el resentimiento.

Por otra parte, la rabia acumulada por tanto tiempo nos puede llevar a tomar decisiones drásticas que afecten a otras personas y que resulten injustas para quien nunca fue informado de nuestro malestar o de las consecuencias que podría traer.

Para sobreponernos a la adversidad necesitamos desahogarnos; hacerlo a tiempo y de manera correcta nos libera de mucha tensión. Por eso hemos de decir a los demás cómo nos sentimos. Dialogar sobre nuestra herida. Comunicarnos cuando nos lastiman.

Muchas veces nos sorprenderemos al descubrir que nuestra aflicción es consecuencia de un error y no de una intención de lastimarnos. Siempre tendremos que estar dispuestos a la comunicación, a aceptar las disculpas que se nos ofrezcan y a desprendernos.

4. Expresar el dolor

Como hemos mencionado, el proceso de sanación se inicia cuando aceptamos y expresamos nuestro dolor. Debemos hablarlo con alguien de confianza que sepa escuchar y recordar algunas reglas que favorecerán la comunicación.

- Mencionar hechos concretos sin sumar acontecimientos pasados que, en su momento, no fuimos capaces de expresar.

- Hablar y responsabilizarnos de lo que sentimos sin pretender señalar a nuestro interlocutor como culpable por nuestros sentimientos.
- Exponer lo que consideramos son nuestras auténticas necesidades y los comportamientos que esperamos.
- Afirmar las consecuencias positivas de un cambio o las posibles consecuencias adversas si no se modifica la situación.

¿Cómo expresar de una manera adecuada lo que sentimos? El doctor David Viscott nos recomienda hacerlo:

Con sencillez. Digamos cómo hemos sido lastimados de manera que se sepa con claridad que sentimos dolor. Pretender ocultar lo significativo de una herida bloquea la comunicación, mientras explicarlo de una manera rebuscada la confunde.
De forma directa. Hemos de decirlo a la persona que está directamente involucrada en la situación. «Decírselo a Pedro para que lo entienda Juan» interfiere y distorsiona nuestro mensaje.

Abiertamente. No debemos esconder ni negar lo que sentimos, mucho menos pretender que lo que ha sucedido no nos importa.

Con vulnerabilidad. Si nos sentimos heridos y frágiles, digámoslo. Protestar o iniciar una pelea para demostrar que somos fuertes será contraproducente.

Sin miedo. No permitamos que el miedo al rechazo nos haga permanecer en silencio. Expresar lo que sentimos con asertividad es lo único que debe ocuparnos. No debe preocuparnos nada de lo que haga o diga la otra persona al explicarle que nos sentimos heridos y que nos duele. En todo caso, una reacción inadecuada nos mostrará que estamos ante una relación inadecuada.

Con honestidad. Permanezcamos en el presente, en la situación actual. No mencionemos heridas anteriores o protestemos por la insensibilidad del pasado. Si existen, somos responsables de haber reprimido nuestra rabia por situaciones anteriores, y no es el momento adecuado para dejarla aflorar ahora, en la situación presente. Tendremos que buscar otra oportunidad.

Sin «machacar». Recordemos que estamos tratando de resolver problemas y que la persona con quien hablamos es alguien cercano. Una vez que hemos expresado lo que necesitábamos decir debemos dar al otro la oportunidad de recuperarse de lo que tal vez viva como una confrontación.

La falta de comunicación empobrece cada vez más nuestra relación con los demás y con el mundo. El hecho de sentirnos tan desvinculados puede hacernos perder el sentido de vida y dificultarnos el ser resilientes.

Debemos dar voz a los conflictos de nuestro corazón; de no hacerlo la comunicación será cada vez más distorsionada y carente de propósito, con lo cual estaríamos saboteando esta importante característica de la resiliencia y dilapidando la siguiente.

AUTOESTIMA

*El peor de los males que le puede suceder al hombre
es que llegue a pensar mal de sí mismo.*

GOETHE

Cosas terribles pueden sucedernos a ti o a mí, cosas que están totalmente fuera de nuestro control. Pero, a pesar de ello, las circunstancias y la forma en que nos han tratado en el pasado no determina nuestro futuro irrevocablemente ni la forma en que nos vemos a nosotros mismos.

Hay personas que han tenido todas las ventajas y cuyas vidas terminan en un callejón sin salida porque se perciben a sí mismas como víctimas de los problemas, hasta de los más triviales, y siempre culpan a otros de sus fracasos.

Por otra parte, están aquellas personas que han sufrido lo indescriptible y que, sin embargo, logran superar su pasado, alcanzan un auténtico éxito y hacen aportaciones extraordinarias a la humanidad. Estas personas nos confirman que lo que nos sucede no nos determina ni conforma nuestra autoimagen.

Es esta realidad la que nos hace comprender y nos demuestra que nuestra autoestima nunca dependerá de lo que nos haya sucedido o de lo que otras personas hagan o digan, sino de que nosotros cultivemos los ingredientes necesarios para sentirnos y estar bien con nosotros mismos.

Los grandes principios de la autoestima son:

- Valorarse a uno mismo.
- Respetarse a uno mismo.
- Confiar en uno mismo.
- Aceptarse a uno mismo.

Debemos valorarnos por el simple hecho de ser seres humanos, no por nuestras características físicas o por nuestras posesiones materiales o intelectuales. Cada uno de nosotros es único e irrepetible y posee una misión que sólo nosotros podemos realizar. En todo caso, lo que nos ha sucedido ha servido para formarnos, y nos ayudará, si sabemos descubrir las oportunidades ocultas detrás de la adversidad, a cumplir con nuestro propósito.

Reconocer que tan sólo por ser personas merecemos respeto nos ayudará a poner los límites para impedir el abuso y el maltrato. Respetarnos nos lleva también a respetar a los demás y a tener una mejor convivencia.

La confianza en nosotros, que constituye un eje muy importante de nuestra autoestima, conlleva la seguridad de que somos capaces de responsabilizarnos por nuestra propia vida y, por tanto, de resolver los problemas cotidianos. Reconocer que no podemos hacer cosas que están fuera de nuestro alcance ni resolverle la vida a los demás significa que somos realistas, lo cual no menoscaba en nada nuestra autoestima.

Aceptarnos a nosotros mismos es un factor indispensable para una sana autoestima. Pero recordemos que aceptar no sólo no significa renunciar a la posibilidad de cambiar para ser mejores, sino que constituye el agente necesario para lograr cualquier cambio que deseemos.

Solemos pensar que por lo que nos ha sucedido nuestra autoestima puede ser muy pobre, pero las personas que tienen seguridad en sí mismas son emocionalmente abiertas, admiten con facilidad su dolor y por ello no se sienten avergonzadas por problemas del pasado. Por ello, estar dispuestos a hablar abiertamente y a manejar la desilusión es de gran ayuda. Cuando una situación no puede mejorarse o es abusiva, debemos dejarla ir. La voluntad de ser honestos mantiene nuestra autoestima sana.

Para tener una buena autoestima debemos creer en nosotros mismos, a pesar de los mensajes negativos que hayamos podido recibir, aun cuando nos hayamos equivocado o herido a otra persona. Recordemos que lo que otros nos digan es resultado de su propia percepción en un momento que puede estar teñido por sus expectativas o su rabia; que sólo la gente que es humilde respecto a sus limitaciones tiene el valor de corregir, y sólo la gente buena se siente mal por haber lastimado a otros.

Podemos pensar que sería más fácil creer en nosotros mismos si tuviéramos el amor incondicional o el apoyo de otras personas, si hubiéramos logrado todo lo que hemos querido o fuéramos ricos y famosos, pero eso no es verdad. De hecho, lo que se nos exige para lograr algo es que primero seamos capaces de creer en nosotros mismos, lo cual requiere de creencias sanas y actitudes positivas y de una forma de pensar que nos ayude a apreciarnos como personas buenas y capaces, dispuestas a admitir el dolor y los fracasos, comprometidas con ellas mismas en la búsqueda de la excelencia.

Somos más resilientes cuando nos sentimos dignos de ser amados. Somos más resilientes por haber superado obstáculos. El éxito genera éxito, mientras que la expectativa de que se repitan fracasos pasados nos puede crear la sensación de que somos frágiles y generará en nosotros sentimientos de ansiedad y depresión.

Pero ¿de dónde proviene la autoestima, la confianza en uno mismo? ¿Cómo aprendemos a amarnos cuando sentimos que nadie más nos ha amado? ¿Cómo aprendemos a esperar el éxito cuando hemos fracasado con frecuencia? Por otra parte, ¿qué es lo que afecta a quien viene de un hogar estable, ha obtenido buenos resultados y, sin embargo, no cree en sí mismo?

Resulta obvio que la autoestima depende, en gran parte, de ingredientes que están más allá de los mensajes o el amor que nos hayan podido dar, de la estabilidad o inestabilidad de nuestra familia, de los éxitos o fracasos que hayamos experimentado.

Uno de los factores más importantes que definitivamente influyen en esta característica es nuestro estilo explicativo, que ya hemos mencionado y del cual volveremos a tratar más adelante.

También se ha observado que, por lo que respecta a las influencias del ambiente, del mismo modo que una madre amorosa puede favorecer la resiliencia, nuestra autoestima lo será por nuestra habilidad para aceptar los apoyos que se nos brindan, por nuestra capacidad de establecer y respetar límites y, de manera especial, por los valores espirituales que fortalecemos a través de nuestra práctica religiosa.

La resiliencia, que se edifica desde el centro luminoso del ser humano, desde su fortaleza espiritual, favorece nuestra autoestima y descubre el potencial que cada uno de nosotros tiene para desarrollarse.

Sean cuales sean las circunstancias, ese centro luminoso siempre ha estado y sigue estando allí. Debemos redescubrirlo a cada paso a través de nuestros valores y principios para dar sentido a la vida y amar sanamente a nuestra persona. No se puede negar, como lo ha demostrado la investigación clínica, que nuestra religiosidad constituye uno de los más valiosos aliados para fortalecer nuestra interioridad y para evitar caer en el problema del vacío existencial.

El amor es una poderosa fuerza que sana, pero ante todo tenemos que amarnos a nosotros mismos. El hecho de ser amados no necesariamente nos hace creer que somos dignos de amor, ya que la autoaceptación y la paz interior son nuestra exclusiva responsabilidad.

Amarnos a nosotros mismos es el único y verdadero antídoto contra la soledad. Si realmente lo piensas, no estás menos solo cuando alguien te ama que cuando no. Nuestro vacío puede algunas veces llenarse a través de otra persona, pero eso es sólo momentáneo, porque cuando el amor de esa persona no está presente tendremos que seguir manejando nuestro vacío.

Podemos vivir la vida sin el amor de otro, pero no podemos vivir con alegría si no nos amamos a nosotros mismos. El espacio de soledad dentro de ti no se llena al recibir amor, sino al darlo y para eso antes debes tenerlo dentro de ti.

La persona resiliente con una sana autoestima, que ha sabido establecer con claridad sus límites, es una persona autónoma.

AUTONOMÍA

La única libertad que merece este nombre es la de buscar
cómo ser mejores por nuestro propio camino,
y en tanto no privemos a los demás del suyo
o les impidamos esforzarse por conseguirlo.

JOHN STUART MILL

Tú y yo hemos sido creados libres. Por desgracia, sin embargo, debemos reconocer que con relativa frecuencia renunciamos a nuestra libertad, como si prefiriéramos ser esclavos con tal de mantener situaciones que suponemos nos generan seguridad, aunque al cabo del tiempo resulten contraproducentes.

La libertad nos da la opción de tomar postura ante lo que nos ocurre, enfrentarnos a nosotros mismos y a la vez distanciarnos para tomar perspectiva.

Ser resiliente nos exige tener autonomía para definir qué situaciones aceptamos y cuáles no. Nunca debemos renunciar a la responsabilidad de conducir nuestra propia vida por el camino que sentimos es el adecuado para nosotros. Por otra parte, ser autónomos también nos da el privilegio de renunciar a beneficios o anhelos personales a favor de otras personas, siempre y cuando esa renuncia surja de nuestra propia libertad de optar y no de las presiones o amenazas que otros puedan ejercer.

La libertad comprende las facultades que nos singularizan como seres humanos:

FACULTADES DE LA LIBERTAD
- Imaginación
- Conciencia ética
- Voluntad de sentido

La imaginación: Es la facultad que nos permite ser creativos y nos da la capacidad de ver más allá de nuestra realidad actual. Recordemos que así como nuestra experiencia del pasado influye sobre nuestro presente, también nos afecta en el hoy la visión que tengamos del futuro. La imaginación nos da la libertad de ampliar nuestro horizonte y de encontrar nuevas alternativas para una vida más plena y feliz.

La conciencia ética: Es lo que desde nuestra interioridad nos hace capaces de percibir lo que es correcto o incorrecto y nos ayuda a reconocer los valores universales que deben dirigir nuestro comportamiento. Dejamos de ser libres cuando caemos en pensamientos y conductas que nos hacen perder la armonía con esos valores y nos convierten en esclavos de nuestros impulsos, los cuales eventualmente nos dejan atrapados en situaciones que parecen no tener salida.

Tener voluntad de sentido: Es nuestra capacidad, siempre presente, de encontrar un *para qué* a todo lo que nos ocurre. Esa voluntad es lo contrario a la indiferencia, la cual nos impide en tantas ocasiones comprometernos con nosotros mismos y con los demás. Debemos asumir la auténtica libertad que nos lleva a responsabilizarnos de nuestra propia experiencia y a dar significado a los acontecimientos. Tal vez no tuvimos elección ante lo que nos sucedió, pero siempre tendremos la libertad de encontrar un sentido y una razón que nos lleven a ser mejores.

A pesar de que los seres humanos somos interdependientes, nadie debe jamás renunciar a su autonomía, la facultad para determinar nuestras propias acciones sin depender de otras personas. Al ser autónomos elegimos crecer y prosperar, ser capaces de florecer a pesar o gracias a las circunstancias.

Sean cuales sean los riesgos que suframos, la autonomía nos ayuda a elegir nuestro presente y a liberarnos del pasado. Al ser autónomos podemos dar significado, reacomodar mentalmente y determinar los contenidos de nuestra conciencia.

La resiliencia ya está en nosotros, puesto que hemos sido creados con libre albedrío. Evadirnos con la excusa de que «no pude hacer nada» dilapida una de las más poderosas habilidades que poseemos, nuestra capacidad para manejar de forma constructiva y efectiva cualquier reto que se nos presente.

Al ser resilientes somos conscientes de que en realidad somos arquitectos de nuestro propio destino. La autonomía nos ayuda a asumir lo que nos sucede y transformarlo en oportunidad, aunque otros lo vean como un desastre.

Ser autónomos nos evita caer en el papel de víctima, que tan fácilmente nos puede conducir a comportamientos patológicos. Todos tenemos la capacidad de hacernos cargo de nuestros problemas. La libertad nos da poder para ejercer influencia y ser proactivos.

Si bien la palabra proactividad es ahora muy común, no se encuentra en la mayoría de los diccionarios. Significa no sólo tomar la iniciativa, expresa también que como seres humanos debemos tomar las riendas de nuestra propia vida. Lo cual nos lleva a la característica de la responsabilidad, la otra cara de la libertad.

RESPONSABILIDAD

*Nadie puede sentirse a la vez
responsable y desesperado.*

Antoine De Saint-Exupéry

En la palabra responsabilidad encontramos una muy clara alusión a nuestra habilidad para dar respuestas, a nuestra capacidad para responder ante los retos de la vida.

Las personas resilientes comprenden lo que significa esa habilidad. No alegan que su conducta es consecuencia de los condicionamientos o las circunstancias, reconocen que su comportamiento es producto de su propia elección.

Desde una reflexión más profunda: ¿Qué es la responsabilidad? La capacidad de compromiso para guiar nuestras acciones a través de los principios y valores universales que favorecen y sostienen la vida y hacen posible la convivencia de los seres humanos, entre sí y con su entorno.

Cada persona es irrepetible, cada vida humana es única: nadie es reemplazable. Esta doble singularidad acrecienta la responsabilidad humana, ya que nadie puede amar por ti o realizar aquello que sólo tú puedes hacer por otros y por ti mismo.

En la vida nos enfrentamos constantemente a nuevos retos, a los cuales respondemos con la vida misma. Damos respuesta siendo comprometidos, tomando decisiones. Lo más importante es que esto nos lleva a aceptar la responsabilidad por el papel que desempeñamos en los problemas, en vez de culpar a los demás.

Pero no es posible asumir nuestra responsabilidad solamente en ocasiones, por eso debemos convertir en hábito el ser responsables por todo lo que afecta nuestra vida. El doctor David Viscott puntualiza que debemos asumir responsabilidad:

- Por soportar ser tratados como nos tratan.
- Por aceptar pasivamente una vida que no nos hace felices.
- Por vivir con un alcohólico o un adicto.
- Por nuestros fracasos.
- Por nuestros errores, especialmente por los que repetimos.
- Por quedarnos callados frente a la injusticia.
- Por no hacernos escuchar.
- Por aferrarnos a nuestro dolor.
- Por no perdonar y permitir que el rencor nos amargue.
- Por comportarnos como lo hacemos, donde lo hacemos.

Tal vez parezca injusto, pero si asumimos responsabilidad por todo en nuestra vida, obtenemos el poder de cambiarlo. No aceptarla nos asegura permanecer como víctimas.

Cuando asumimos la vida como tarea, nuestra responsabilidad se pone en evidencia. Si realmente trabajamos por nuestro propio destino, no importa cuánto tengamos que trabajar. Después de todo, esforzarnos por lograr un sueño o por ser verdaderamente libres es nuestro privilegio. Todo lo que hacemos con esta visión nos ayuda a tener un propósito y a autodescubrirnos a un ritmo en el que continuamente desarrollamos nuevas habilidades y confianza. Cuanto más le damos a la vida, más recibimos de ella.

En relación con la vida laboral, debemos procurar que nuestro trabajo sea un espacio donde descubrir y ejercitar nuestros talentos. Para lograrlo, tendremos en varias ocasiones que reajustar nuestro camino y estar siempre dispuestos a volver a empezar.

Nuestro quehacer debe darnos la oportunidad no sólo de brindar el mejor esfuerzo, sino de dar lo mejor de nosotros mismos. Es un espacio desde el cual declaramos nuestra filosofía de vida, expresamos que la vida nos importa y afirmamos nuestra alianza con el mundo. Cuando lo que hacemos nos conecta a los demás, nos da un sentido de propósito que nos autotrasciende. Cuando damos generosamente de lo que somos, fortalecemos la creencia en lo bueno y valioso del mundo. Esta satisfacción es la que nos lleva a cumplir responsablemente nuestra misión.

Viktor Frankl afirmaba muy acertadamente: «Sabemos que si existe algo que realmente permite al hombre mantenerse en pie en las peores circunstancias y condiciones interiores, afrontando así los poderes del tiempo que a los débiles les parecen tan fuertes y fatales, es precisamente saber adónde va, el sentimiento de tener una misión».

Ser responsables es lo que verdaderamente nos hace libres para realizar nuestra misión y lo que nos ayuda a descubrir los recursos de nuestra inteligencia que, al igual que la resiliencia, es también multidimensional.

INTELIGENCIA

*Un hombre sin inteligencia carece de voluntad:
el que no posee inteligencia se deja seducir y deslumbrar,
y los otros se sirven de él como de un objeto.
Solamente es libre y autónomo el que sabe pensar.*

Anselme Von Feuerbach

Solemos pensar que ser inteligentes está relacionado con la eficiencia académica o la acumulación del conocimiento. En la actualidad el modelo de inteligencia más aceptado es el que nos habla de capacidades múltiples.

Tradicionalmente, la inteligencia se ha asociado con nuestras habilidades matemáticas y verbales, que se han valorado a través del famoso I. Q. Sin embargo, la investigación actual y el modelo de Howard Gardner nos presentan la realidad de las muchas formas en que podemos ser inteligentes.

Aunque el modelo se ha ido ampliando cada vez más, presentamos un esquema de lo que originalmente Gardner llamó nuestras ocho inteligencias.

INTELIGENCIAS MÚLTIPLES

INTERPERSONAL

CINESTÉTICA   LÓGICA MATEMÁTICA

MUSICAL   (INTELIGENCIA)   LINGÜISTA/VERBAL

ESPACIAL   NATURALISTA

INTRAPERSONAL

De todos nosotros es conocido el significado de la inteligencia lógica/matemática y el de la inteligencia lingüística/verbal, puesto que se les da prioridad en la mayoría de los ámbitos escolares. Para casi todos, las clases de aritmética, matemáticas, álgebra o cálculo han representado casi siempre la demostración de cuán inteligentes somos. También las clases llamadas de *español*, con el aprendizaje de la gramática, se han valorado como prioritarias.

La **inteligencia espacial** está asociada con las habilidades artísticas, como la pintura y la escultura, así como con la enorme variedad de habilidades de diseño, el manejo de las proporciones y el espacio.

La **inteligencia cinestésica** se refiere generalmente a la capacidad de coordinar nuestro movimiento, como es el caso de grandes deportistas y bailarines, que parecen flotar y manejar su cuerpo con una extraordinaria habilidad.

La **inteligencia naturalista** es la que utilizamos para la observación y estudio de la naturaleza. Es de admirar la forma espontánea en que esta habilidad se desarrolla en aquellas personas que parecen en sintonía con su medio ambiente y con los ciclos de vida.

Sobra decir que la **inteligencia musical** la observamos muchas veces en pequeños que, sin haber recibido ningún tipo de instrucción formal, poseen un sentido especial para la música que les permite tocar instrumentos con mucha facilidad. Un «oído extraordinario» que les dota de una gran facilidad para este arte.

La **inteligencia interpersonal** está sumamente relacionada con lo que conocemos como inteligencia emocional. Nos permite ser hábiles en el manejo de nuestras relaciones y se convierte en una inteligencia de primera importancia para nuestra convivencia con los demás.

Por último, la **inteligencia intrapersonal**, también relacionada con la inteligencia emocional, es la que nos permite manejar más acertadamente nuestro equilibrio interior: la relación con nosotros mismos. Cuando nos referimos a la inteligencia como una de las características importantes de la resiliencia, nos referimos en especial a este tipo de inteligencia.

Uno de los recursos más importantes de la inteligencia intrapersonal es nuestra estrategia cognitiva, cuyo eje puede ser el estilo explicativo, del cual hemos hecho mención anteriormente.

Nuestra forma de pensar es la que nos puede llevar a la autoderrota, la indefensión y la desesperanza. Esto ocurre cuando atribuimos lo que nos sucede a causas *personales, permanentes* y *generalizadas*.

Un ejemplo concreto de este estilo es la manera en que una persona expresa cómo ha perdido su empleo. Un estilo explicativo resiliente sería pensar:

«Soy una persona capaz y con experiencia. Hay incertidumbre y la empresa recortó personal. (Que haya perdido el empleo no se debe a que **personalmente** no sirva.) Tengo la posibilidad de buscar otro empleo, aunque al inicio tenga que aceptar algo inferior a mis aptitudes. Estoy dispuesto a aprovechar cualquier oportunidad que se me presente. (No tener empleo no tiene por qué convertirse en algo **permanente**.) Mi entorno familiar es bueno y me brindará apoyo. (Que haya perdido el empleo no significa que mi problema se **generalice** a todas las áreas de mi vida.)»

Además, en este estilo resiliente de explicarnos un problema podemos percibir una buena autoestima y un sentido de responsabilidad que nos movilizará para procurar resolver la situación.

Un estilo explicativo falto de resiliencia, respecto al mismo problema, sería pensar:

«Soy una persona incapaz y por eso se libraron de mí. (La situación es totalmente atribuible a un problema **personal**.) Estoy seguro de que a mi edad ya no encontraré ningún trabajo. (El problema será **permanente**.) Se acabarán los ahorros, mi familia me abandonará y ya no tendré amigos. (El problema se generaliza y parece infectar todas las áreas de mi vida.)»

Nuestro estilo explicativo se refiere a cómo consideramos nuestra responsabilidad por lo bueno y lo malo que nos sucede. Nuestra forma de pensar es lo que determina el estilo, resiliente o no, que tenemos.

Si nuestra forma de pensar es depresiva y ansiosa pensaremos cosas terribles respecto a nosotros mismos y nuestro futuro. Tal vez ésta sea la verdadera causa de una depresión. Tal vez lo que parece un síntoma depresivo —el pensamiento negativo— sea la enfermedad.

El médico psiquiatra Aaron Beck apunta, valientemente, que la depresión no es ni un desorden químico del cerebro ni rabia reprimida en el interior. Es un desorden de nuestra forma de pensar.

El doctor Wolpe nos dice que la depresión y la angustia no son más que sus propios síntomas. Los causan pensamientos negativos conscientes, una inteligencia intrapersonal muy pobre.

Nuestras emociones son consecuencia directa de lo que pensamos. Si piensas «estoy en peligro», sentirás ansiedad. Si piensas «están abusando de mí», sentirás ira. Si piensas «no podré recuperarme de esta pérdida», sentirás tristeza.

La mayor parte de nuestros estados depresivos son resultado de hábitos de pensamiento de casi toda una vida. Si cambiamos esos hábitos, sanaremos nuestros estados de ánimo.

Trabajemos directamente con nuestra forma de pensar, usemos todo lo que sabemos para que nuestros pensamientos con respecto a los acontecimientos desagradables cambien.

La psicología cognitiva se sustenta en la observación clínica de cómo la manera de pensar influye en nuestras emociones y en nuestra conducta. Este enfoque terapéutico ayuda al paciente deprimido a cambiar lo que piensa respecto al fracaso, la derrota, la pérdida y la indefensión. Se trata de un método que ha logrado comprobar su extraordinaria efectividad en la superación de la depresión y la ansiedad.

Cómo y qué pensamos respecto a nuestros problemas, incluyendo la depresión misma, aliviará o agravará nuestro estado. Cuando hacemos frente a la adversidad reaccionamos pensando en ella. Nuestros pensamientos se convierten rápidamente en creencias. Estas creencias pueden llegar a ser tan habituales que ni siquiera nos damos cuenta de que las tenemos y se convierten en la causa directa de lo que sentimos y de lo que hacemos.

Si queremos ser de verdad inteligentes, el primer paso que tenemos que dar es el de ser conscientes de la conexión que existe entre adversidad, creencia y sentimientos (ACS).

A C S
ADVERSIDAD ▸ CREENCIA ▸ SENTIMIENTOS

Debemos escuchar y reconocer ese diálogo perpetuo que ocurre en nuestra mente. Tomemos conciencia del tipo de creencias que tenemos, puesto que si las cambiamos, sobre todo ante la adversidad, nuestra reacción ante ésta cambiará.

Para lograr el cambio debemos empezar por polarizar nuestro pensamiento. Esto significa pasar de un pensamiento que nos provoca un sentimiento desagradable a otro que nos cree un sentimiento agradable. Lo lograremos haciendo que nuestras palabras e imágenes pasen de negativas a positivas en cuanto surjan en nuestra conciencia. Después de todo, a través de las palabras y las imágenes construimos lo que pensamos.

A la vez que polarizamos debemos tomar distancia: las creencias son creencias y no hechos. Para distanciarnos con objetividad debemos saber argumentar, cuestionar lo que creemos. Aprendamos a discutir con nosotros mismos. Para ello hay cuatro interrogantes que pueden ayudarnos.

¿Hay evidencias?

En ocasiones nos dejamos llevar por la cascada de pensamientos que nos abruma, sin tener siquiera evidencia alguna de la realidad que afirmamos en nuestra mente. Por otra parte, nada sucede por una sola causa, casi siempre hay varias.

Si nos va mal en una entrevista de trabajo varios factores pueden haber contribuido: que los requisitos fueron muy exigentes, que no estuviéramos suficientemente preparados, que no dispusiéramos de las habilidades necesarias para aquella área específica, los prejuicios del entrevistador, que estuviéramos cansados...

Las personas no resilientes suelen engancharse a la peor de todas las causas, a la más permanente, la más generalizada, la que más detracta a su propia persona, aunque no exista evidencia alguna de que ésa sea la causa.

Si pueden existir diferentes causas por las cuales nos sucede algo, ¿por qué engancharnos a la que más nos perjudica? Preguntémonos: ¿existe una manera menos destructiva de considerar esto? Para cuestionar nuestras propias creencias tenemos que considerar todas las posibles causas que hayan contribuido en el resultado.

¿Hay alternativas?

Procuremos centrarnos en lo que podemos cambiar, en lo que es específico y en lo que no es personal: tal vez no tuvimos suficiente tiempo para prepararnos; aquella entrevista en particular fue especialmente desagradable; no fuimos los únicos en ser rechazados, sólo una persona entre muchos solicitantes obtuvo el puesto.

Cuestionemos las implicaciones

Habrá ocasiones en que fallaremos; sin embargo, debemos evitar caer en el pensamiento catastrófico de las implicaciones fatales. El hecho de que la entrevista de trabajo no nos haya dado el resultado que esperábamos no significa que seamos unos fracasados o que nunca volveremos a encontrar otro empleo. Abandonar una dieta porque en una comida nos dejamos llevar por el antojo no significa que seamos incapaces de seguirla, a menos que en nuestro pensamiento nos demos por vencidos y, por lo tanto, dejemos de intentarlo.

¿Es útil pensar lo que estamos pensando?

Siempre debemos preguntarnos si lo que pensamos y creemos respecto a una situación nos ayuda a resolverla. También debemos recordar que aun cuando una creencia tal vez pueda ser cierta ahora, las cosas siempre pueden cambiar. ¿Qué podríamos hacer para cambiarla?

Por todo esto, ser inteligentes significa ser conscientes del impacto que nuestro pensamiento tiene, cuestionar nuestras creencias, polarizar nuestras imágenes y palabras para así motivarnos en otra dirección. Si cambiamos nuestra respuesta mental a la adversidad aprenderemos a manejarla de una manera mejor.

Generalmente, nuestras creencias negativas están distorsionadas. Seamos creativos, ¡retémoslas! No permitamos que manejen nuestra vida emocional y nuestra conducta, ¡seamos inteligentes!

Cuestionar y manejar de manera inteligente nuestras creencias es lo que más nos ayudará a desarrollar y fomentar las características formativas de nuestra resiliencia.

EJERCICIO DE REFLEXIÓN
Características formativas de la resiliencia

Hagamos de nuevo un alto para reflexionar sobre cómo podemos mejorar en el desarrollo de estas características. Te recomiendo que te relajes y, con la mayor honestidad posible, te contestes las siguientes preguntas. Hacerlo te ayudará a tomar nota de aquellas cosas que merecen cambiar y te pueden ayudar a crecer.

Comunicación

¿Qué reto de cambio se me presenta en mi forma de comunicarme?
_____
_____
_____

¿Qué actitudes me debo cuestionar?
_____
_____

¿Cuáles son mis valores prioritarios que debo saber expresar con claridad?
_____
_____
_____

¿Puedo asumir mi responsabilidad por la interpretación que le doy a los acontecimientos?
_____
_____
_____

¿De qué necesito desprenderme?
_____

¿Deseo y puedo confiar plenamente en Dios, que me habita y habla en el silencio?

¿Qué límites debo definir con las personas con quienes me relaciono?

¿Qué arriesgo al ser asertivo?

¿Qué puede llegar a sucederme si no soy asertivo?

Autoestima

¿Cuáles son las tres cosas que más valoro de mi persona?

_____

_____

_____

_____

¿Soy capaz de reconocer y comprometerme con todo lo bueno que hay en mí?

_____

_____

_____

_____

¿Soy consciente de que Dios me ama como soy?

_____

_____

_____

_____

¿Reconozco mi centro luminoso?

_____

_____

_____

_____

Libertad

¿Puedo imaginar alternativas para mi futuro?

_____
_____
_____
_____

¿Es la ética de mis valores lo que rige mi conducta o soy esclavo de mis impulsos?

_____
_____
_____
_____

¿Deseo darle sentido a lo que me acontece?

_____
_____
_____
_____

¿Soy una persona proactiva? ¿Cómo podría serlo?

_____
_____
_____
_____

Responsabilidad

¿Estoy dispuesto a asumir compromisos?

_____
_____
_____
_____

¿Soy consciente de que siempre puedo elegir?

_____
_____
_____
_____

¿Puedo asumir el papel que yo mismo desempeño en mis problemas o prefiero jugar el papel de víctima?

_____
_____
_____
_____

¿Estoy dispuesto a trabajar por alcanzar mis ideales?

_____
_____
_____
_____

¿Estoy dispuesto a volver a empezar cada vez que sea necesario?

_____
_____
_____
_____

¿Puedo salir de mí mismo para acercarme a otros?

_____
_____
_____
_____

¿He podido reconocer por mis propios talentos cuál puede ser mi misión?

_____
_____
_____
_____

¿Las experiencias que he tenido me ayudan a cumplir mi misión?

_____
_____
_____
_____

Inteligencia

¿Me explico las cosas con resiliencia o con derrotismo?

___

¿Pienso positiva o negativamente?

___

¿Qué clase de pensamientos tendría que cambiar?

___

¿Qué pienso respecto a mis problemas?

___

¿Qué creencias debo transformar?

_____

_____

_____

_____

¡Argumenta alguna de tus creencias negativas!

_____

_____

_____

_____

¿Cómo cambiarían mis sentimientos si cambiara algunas de mis creencias?

_____

_____

_____

_____

4. Características de una resiliencia interiorizada

*Únicamente en lo más profundo de mí mismo
encontraré la fortaleza necesaria, cuando fuera
todo parece empujarme a la amargura.*

RICHARD WAGNER

Como hemos visto en el capítulo anterior, los seres humanos contamos con una gran cantidad de recursos internos que nos hacen capaces de hacer frente a la adversidad.

Saber comunicarnos nos da la capacidad de ser auténticos, poner límites y fortalecer nuestras relaciones con los demás, lo que siempre resulta en una mejoría para nuestra calidad de vida.

Una sana autoestima nos ayuda a valorarnos como personas y a respetar el sentido único de nuestra vida. Aceptarnos nos abre la puerta hacia el amor, algo que no podríamos dar si no estuviera en nosotros tenerlo. El amor también constituye el punto de partida para cualquier cambio que deseemos realizar.

La autonomía y la responsabilidad nos hacen ver que nunca debemos renunciar a la libertad de tomar nuestras propias decisiones, a la vez que asumimos las consecuencias de nuestros actos.

Somos seres únicos en la naturaleza por nuestra capacidad de ser autorreflexivos. Debemos ser conscientes del impacto que nuestra forma de pensar tiene en nuestra vida, y debemos también cuestionar y mejorar la calidad de nuestro pensamiento para ser de verdad inteligentes.

Con frecuencia nos quejamos de las circunstancias que nos rodean, de la traición o la indiferencia de los demás. Sin embargo, pocas veces nos detenemos a reflexionar sobre esas adversidades como resultado de nuestra propia conducta, que después de todo ha sido motivada por lo que pensamos.

Se requiere de voluntad para luchar y crecer. Es mucho más fácil adoptar el papel de víctima, que nos paraliza y nos estanca en nuestra vida. Es cierto que en ocasiones seremos el objeto de actitudes destructivas que otras personas puedan tener, pero será siempre nuestra opción morder el anzuelo de la depresión y la ansiedad o seguir nadando.

Así como la comunicación, la autoestima, la autonomía, la responsabilidad y la inteligencia requieren de un cuestionamiento de creencias y de un trabajo personal que nos interrelaciona con todo lo que nos rodea, las características de la resiliencia que veremos en este capítulo están íntimamente ligadas al cultivo de nuestra interioridad, lo cual nos permitirá comprender, superar y crecer más allá de las tormentas para navegar seguros y permanecer tranquilos a pesar del caos de nuestro entorno.

SENTIDO DEL HUMOR

El sentido del humor es el patio de recreo de la inteligencia.

PROVERBIO HOLANDÉS

A las personas resilientes se les reconoce por ser directas y poseer la capacidad de reírse de ellas mismas. Después de todo, el verdadero sentido del humor consiste en eso.

La mayoría de las personas solemos pensar que poseemos esta característica; sin embargo, cuando aquello que en otros nos provoca risa nos sucede a nosotros el humor suele desvanecerse por completo. El sentido del humor, nuestra capacidad de reír, es un importante principio de la psicología positiva, puesto que, como la investigación ha demostrado, reír nos ayuda a reducir la ansiedad, manejar el estrés y prevenir la depresión.

El doctor Lee Berk, uno de los principales investigadores sobre la relación de la salud y el buen humor, afirma: «El humor sirve como una válvula interna de seguridad que nos permite liberar tensiones, disipar las preocupaciones y relajarnos».

Las personas resilientes saben divertirse, disfrutan de lo que hacen, les gusta experimentar, no pierden la capacidad de asombro, tienen una curiosidad de niños, les gusta jugar y reírse.

Reír nos produce una experiencia placentera y estimula comportamientos adecuados. Como rasgo de la personalidad puede convertirse en una importante fortaleza que nos brinda beneficios físicos, psicológicos y sociales. La risa nos ayuda a mantener o recobrar un estado de ánimo más positivo y más abierto a posibilidades creativas.

Tener sentido del humor significa reír o hacer reír a otros sin ofensa o agresión, pero también significa tener la capacidad de jugar y divertirnos, lo cual puede ser una manera de neutralizar los sentimientos desagradables y de fomentar la alegría y la esperanza.

Se ha encontrado una relación entre un sentido del humor positivo, que nada tiene que ver con el sarcasmo y la ironía hiriente, y una salud mental más estable que nos previene de muchos trastornos. El sentido del humor nos permite observarnos de manera más objetiva para tomar perspectiva y autodistanciarnos, lo que nos ayuda a sobreponernos a la adversidad y a aprender y crecer gracias a ella.

Los sentimientos agradables y positivos que el sentido del humor genera amplían nuestro inventario de pensamientos y posibles conductas, lo cual nos ayuda a incrementar nuestros recursos.

La risa, cuando se comparte, acorta distancias y reduce la hostilidad. Es por ello que el humor nos ayuda a construir los vínculos interpersonales y de grupo que todos necesitamos para llevar una vida más plena y satisfactoria.

Por otra parte, un sano sentido del humor se relaciona con la sabiduría y la madurez emocional, y eso nos permite ver más allá de la tormenta del presente, una virtud que favorece nuestro bienestar y crecimiento.

Para ser resilientes hay dos cosas que nunca debemos perder: el control de nosotros mismos y nuestro sentido del humor. Perder el control nos lleva a empeorar cualquier situación y perder el sentido del humor nos puede dejar únicamente con el sentido del horror.

Al reírnos liberamos muchas presiones y generamos un sentimiento de estar alegremente involucrados con el instante presente. Aprendemos a fluir.

Casi todos podemos reírnos en cualquier momento, pero reír en los momentos ásperos es la auténtica garantía de que gozamos de sentido del humor.

Cuando conservamos el buen humor a pesar del dolor mantenemos también la capacidad de tomar distancia entre lo que somos y lo que nos sucede. Esto nos permite hacer más ligera la carga y nos provee de un contexto menos depresivo para encontrar una forma creativa y eficiente de manejar y sobreponernos a la situación que nos aflige.

Cuando nos reímos ante la adversidad tal vez se entienda como que estamos perdiendo el juicio, pero en realidad estamos en el proceso de crear uno nuevo. El humor no resuelve los problemas, pero nos da el respiro necesario para descubrir creativamente alternativas de solución y comprender el para qué de lo que nos sucede.

Por otra parte, ser capaces de reír puede resultar un buen analgésico para el dolor que otros sienten con y por nosotros. Es una señal de que tratamos de sobreponernos a los problemas y un estimulante regalo que podemos dar a los demás aun en nuestros momentos más frágiles. Cuando reímos atraemos el apoyo sano que tanto necesitamos al transitar por el dolor.

También podemos brindar nuestra ayuda a otras personas, pero no es ahogándonos nosotros como ayudaremos a los que se están ahogando, si es que esa fuera nuestra preocupación. No es perdiendo nuestra felicidad íntima como aliviaremos el padecimiento de los demás, lo que de ninguna manera niega la compasión necesaria que siempre debemos ser capaces de sentir.

La sabiduría popular nos recuerda que «la vida es demasiado importante para tomársela demasiado en serio», lo que significa que si sumamos esas dos cargas, importancia y seriedad, sentiremos que el peso es excesivo y la situación, imposible de remontar.

Quien logra reírse de sí mismo afirma su libertad interior y su fortaleza. El humor hace que el potencial humano sea más eficiente en situaciones límite.

William James se preguntaba: «¿Estamos tristes por los malestares que nos ocurren o nos ocurren esos malestares porque estamos tristes?» El verdadero compromiso con la vida debe ser un himno a la alegría que ningún tipo de perturbación pueda acallar.

Y tú, ¿tienes sentido del humor?

¿Sabes cúal es el secreto de la abuelita?

¿Cómo puedes saber si un gato te ha visto desnudo?

SABER PERDONAR

Perdonar nos evita las consecuencias de la ira,
el alto costo del odio y el desperdicio
de nuestra propia fuerza.

Anónimo

Perdonar es la llave que abre las puertas de la paz y la libertad. Nos libera de los grilletes del resentimiento y el odio y nos da el poder para romper las cadenas de la amargura y del egoísmo.

El perdón nos da libertad para que las actitudes y los actos de otras personas dejen de tener poder sobre nosotros. Perdonar significa dejar ir, recobrar la paz interior y volver a ser libres para amar. Sin el perdón no podemos crecer ni fortalecernos con la adversidad. No lograremos, tampoco, ser resilientes.

Algunas personas mantienen su dolor al rojo vivo para demostrar al mundo lo mal que han sido tratadas, sin querer darse cuenta que se dañan a ellas mismas al hacerlo.

Al mundo no le interesa nuestro pasado, sino lo que somos capaces de hacer y dar ahora. Cuando nos aferramos al dolor añejo, la autocompasión empaña nuestra capacidad de dar a los demás y, asumiendo el papel de mártires, nos sentamos a esperar que alguien mágicamente resuelva nuestra vida.

Dejar ir nuestro dolor abre las puertas de la aceptación y el restablecimiento, que son el objetivo de todo proceso de duelo. Al dejar ir nuestras heridas disminuimos la carga y podemos vivir con plenitud nuestro presente.

Por otra parte, desarrollar una actitud que facilite el perdón requiere esfuerzo. Estamos muy apegados a nuestra forma de pensar y retar a nuestros hábitos de pensamiento de toda la vida es una labor heroica. Veamos algunos de los hábitos de pensamiento que bloquean nuestra capacidad de perdonar:

El *primero* es pensar «**Yo no merezco ser feliz**». Esto es típico en las relaciones de codependencia, que permitimos que se den por los sentimientos inconscientes de inferioridad o de miedo que han minado nuestra propia autoestima.

El *segundo* es pensar «**Me la deben**». Pasamos la vida esperando que se salden cuentas y eso suele ser algo que nunca se logra. Nos convertimos, por esta forma de pensar, en alguien que ya no busca a quien se la hizo, sino a quien se la pague.

El *tercero* es creer que «**Me controlan mis emociones**». Exclamamos con frecuencia: «Es que la emoción es más fuerte que yo». Si nos dejamos llevar por nuestros crudos impulsos, probablemente nunca perdonaremos. Nuestra respuesta emocional depende de lo que pensamos respecto a lo que nos sucede, por lo tanto, toda emoción puede ser canalizada con inteligencia.

El *cuarto* es «**Espero que sea fácil**». Bien sabemos que en todas las áreas del quehacer humano, el éxito requiere un esfuerzo planeado y consistente. Perdonar no es tan fácil como nos gustaría creer, requiere esfuerzo y determinación. En ocasiones pensaremos que ya hemos perdonado, y es posible que volvamos a sentir una conmoción interna cuando algo evoca en nosotros el recuerdo; entonces, nuestra constancia hará posible nuestra victoria.

Más allá de nuestros hábitos de pensamiento, las creencias que tenemos respecto a lo que significa perdonar es lo que nos facilitará o dificultará el camino.

Algunas de las ideas que tenemos respecto al perdón pueden limitar nuestras posibilidades de perdonar. Por esto debemos tener bien claro qué NO es el perdón.

Perdonar no es olvidar. Nuestro cerebro registra todo y más aún cuando la experiencia que se graba tiene un alto contenido emocional. Sabemos que hemos perdonado cuando al recordar una experiencia que fue dolorosa la podemos exponer con serenidad y sin sentir que *se nos revuelve la tripa* o que deseamos matar a alguien.

Perdonar no es justificar. Perdonar no significa que sean justificables aquellos comportamientos que son destructivos o inadecuados, ya sean propios o ajenos. La violencia, la traición, la deshonestidad son ejemplos de comportamientos que pueden ser totalmente inaceptables. Perdonar no quiere decir que aprobemos o defendamos las conductas que nos han causado dolor, ni tampoco excluye que tomemos medidas para cambiar la situación o proteger nuestros derechos.

Perdonar no es pretender que todo esté bien. Perdonar no es fingir que todo está bien cuando sentimos que no es así. Debemos aprender a expresar nuestros sentimientos. No podemos siquiera perdonar si de entrada ignoramos nuestro enojo y resentimiento.

Perdonar no es sentirnos superiores. Tanto aquel que considera que el perdón es innecesario porque, después de todo, «quién soy yo para perdonar, que lo perdone Dios», como el que perdona por lástima o por considerar a la otra persona como estúpida, estarán confundiendo la virtud del perdón con el *pecado* de la soberbia.

Perdonar no es cambiar nuestras decisiones. El perdón no significa que tengamos que modificar las decisiones tomadas, en cuanto a cómo relacionarnos con las personas. Perdonar a alguien no significa continuar con una relación en los mismos términos, ni siquiera significa que la relación deba continuar.

Perdonar no nos exige tener que hablar directamente con la otra persona. El perdón no requiere de una comunicación verbal y directa con el otro. No es necesario decir «te perdono». En ocasiones podemos sentir que sería importante, pero nunca será indispensable. Puede que las personas que más nos han lastimado nunca se disculpen o inclusive que ya han fallecido o que sepamos que es mejor ni siquiera intentar hablar con ellas. Algunos aprovecharían nuestro acercamiento para seguir lastimándonos. Exponernos a que nos sigan ofendiendo nada tiene que ver con saber perdonar.

Perdonar no es ser ingenuos. El perdón no debe cegarnos y mucho menos hacernos caer en la ingenuidad. Saber perdonar nos ayuda a aprender de la experiencia y, por lo tanto, a no incurrir en situaciones semejantes en el futuro.

No podemos corregir o cambiar lo que ya nos han hecho. Necesitamos perdonar a las personas que nos lo hicieron. Y aunque perdonar no significa que tengamos que seguir relacionándonos con las personas que nos han herido, sí representa que ya no permitiremos que esa vieja herida nos siga causando sufrimiento.

El perdón nos ayuda a reconocer y admitir que somos frágiles y que no necesitamos ocultar nuestra debilidad. Nos ayuda, al hacernos conscientes de nuestros límites, a corregir el rumbo y a evitar que la experiencia se vuelva a repetir.

Saber perdonar nos ayuda a aceptar nuestros errores y los de los demás, pero a la vez nos hace conscientes de que ningún error puede definir la totalidad de una persona. Nuestra superación y nuestro éxito están más limitados por nuestra falta de voluntad que por nuestra experiencia del pasado.

Cuando logramos estar en paz con nosotros mismos y con los demás, aceptamos la experiencia y aprendemos de ella en vez de instalarnos en la autocompasión, lamentándonos de la injusticia de la vida cada vez que algo sale mal.

Si de verdad perdonamos a quien nos lastimó, sanamos muchas otras heridas que han sido parte de esa experiencia. Dejamos ir no sólo incidentes específicos que recordamos con claridad, sino también muchos otros que probablemente no están presentes en nuestra memoria. Si con el tiempo viene a nuestra mente el recuerdo de una vieja herida que no se había hecho presente, ésta tendrá que caer dentro de ese acuerdo de perdón íntegro al que nos hemos comprometido y la podremos contemplar como otro pedacito de nuestra historia, ya no como una nueva evidencia para desear vengarnos, que es como generalmente reaccionamos cuando no hemos perdonado de verdad.

La vida es como un rompecabezas. Cuando vivimos momentos de adversidad nos gustaría apartar de nuestra realidad lo que estamos viviendo, sin darnos cuenta de que es una parte necesaria de la totalidad y que gracias a lo que nos sucede podemos crecer y llegar a ser mejores.

Cuando nos encontramos inmersos en la tormenta somos como el artista que tiene la vista fija en tan sólo un pequeño rincón del lienzo.

El tamaño de las figuras se ve desproporcionado y los brochazos se asemejan más a manchones sin forma que a pinceladas que definen contornos. Es entonces cuando hay que cambiar la perspectiva.

Para lograrlo, como ya hemos mencionado anteriormente, tenemos que aprender a tomar distancia, como el artista que se aleja del lienzo para apreciar el conjunto.

Si no lo hacemos así, pasaremos la vida enfrentados a la experiencia, empeñados en lograr que desaparezca y en evadirnos de esa realidad, con lo cual perderemos el aprendizaje que nos aporta.

Si hacemos que desaparezca la pieza del rompecabezas que tanto nos incomoda, éste nunca quedará completo. La vida tendría sabor a hueco y nos perderíamos una experiencia que juega un papel determinante para mejorar nuestro futuro.

Así como debemos perdonar a otros para sanar el pasado, es necesario también perdonarnos a nosotros mismos por los errores que hayamos cometido. Pongámoslos en perspectiva, aprendamos de ellos. Un error tan sólo significa eso, un error, y no constituye un reflejo de nuestra realidad como personas.

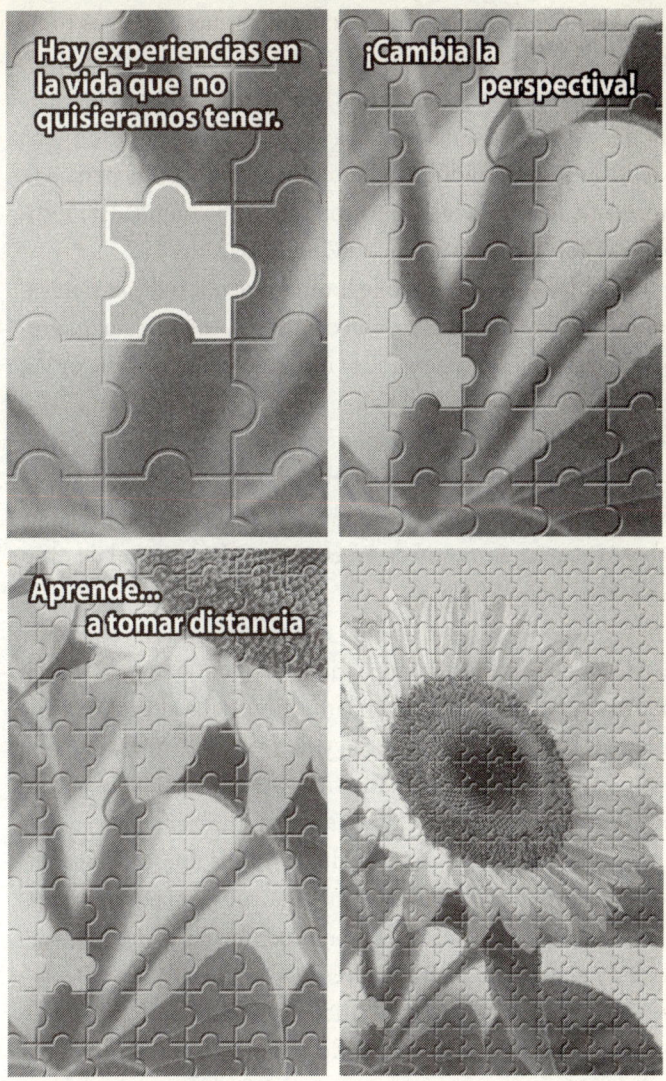

Cuando aprendemos a ver las cosas a distancia nos damos cuenta de que lo que hicimos fue lo que pensábamos y sentíamos que debíamos hacer. Es absurdo pretender juzgar con el conocimiento de nuestro presente el porqué actuamos como lo hicimos en el pasado.

Cuando nos equivocamos, la culpa únicamente es sana como una valiosa señal que nos permite poner atención y no evadir la responsabilidad por lo que afectó a otras personas, siempre que la aprovechamos como una oportunidad de recuperar la capacidad de actuar con integridad.

La culpa sana nos impone límites que nos indican si nuestra conducta y nuestras motivaciones son correctas o inapropiadas, sensibles o insensibles, íntegras o no. Su función es:

- Hacernos tomar **conciencia**.
- Dar **sensibilidad** a nuestro corazón para ser empáticos.
- Promover la **justicia** a través de la reparación del daño.
- Generar en nosotros un **compromiso** general de cambio para el futuro.

Cuando sentimos la culpa sana y la ignoramos, al cabo del tiempo tal vez se convierta en culpabilidad. La alternativa que tenemos es pasar por el proceso y dejar atrás lo que ya no está en nuestro presente. De nada sirve sentirse culpable por situaciones pasadas que ya no se pueden cambiar.

Lo que muchas veces se oculta detrás de nuestra culpabilidad es una gran soberbia. Más que sentirnos mal por haber lastimado a alguien, parece que no nos perdonamos el no ser perfectos y el habernos equivocado.

La culpabilidad, al igual que el resentimiento, nos dejan atrapados en lo que no se puede cambiar. El saber perdonar nos da la comprensión para evitar el mismo error en el futuro y para impedir que otros nos sigan lastimando.

Por otra parte, la «nostalgia tóxica» de la que ya hemos hablado, representa la continua aparición de heridas emocionales que no han sanado y que urge resolver. Necesitamos incrementar nuestra habilidad para reconocer estas intrusiones y así ser conscientes del trabajo a realizar para dejar en paz las viejas heridas, perdonarnos a nosotros y a los demás y recobrar así nuestra libertad.

Si nos quedamos atrapados en el dolor para demostrar al mundo que hemos sido heridos, estaremos malgastando la vida. Si nos sentamos a esperar a que nos pidan perdón por habernos lastimado, sufriremos por mucho tiempo. No debemos posponer nuestra felicidad a la espera de que alguien más tome conciencia. No carguemos con eso. Perdonemos y sigamos adelante.

MADUREZ

Los hombres de carácter son infinitamente más raros que los de talento. El talento puede no ser más que un don de la naturaleza, pero la madurez del carácter es el resultado de mil victorias logradas por el hombre sobre sí mismo.

FENELÓN

La resiliencia, que nos da la capacidad de sobreponernos y crecer gracias a la adversidad, exige, de manera muy importante, madurez emocional.

Algo esencial de esta característica es la capacidad de comprender que muchas otras personas pueden haber sufrido infinitamente más que nosotros y, sin embargo, lograron sobrevivir. También es indispensable saber reconocer que nada en esta vida es permanente y que por más dolorosa que sea la situación por la que atravesamos, también pasará.

La madurez emocional nos exige autodisciplina, entendida como el esfuerzo y la capacidad de posponer o renunciar a ciertas gratificaciones por el provecho y beneficios que se obtendrán posteriormente. A diferencia de las personas resilientes, quienes son inmaduros buscan, como los niños egoístas, satisfacer de inmediato todos sus caprichos.

MADUREZ
- Apreciar la relatividad de las situaciones
- Tomar perspectiva histórica
- Tolerar la paradoja

La madurez nos exige reconocer la relatividad de toda situación. Una y otra vez la vida se encarga de enseñarnos que nuestras circunstancias y actitudes personales determinan si una situación se vive como una tragedia o como una liberación. En una misma familia, cada uno de los miembros vive de forma diferente la muerte del padre o de la madre. Habrá quien se desmorone y llore inconsolablemente, convencido de que la vida ha dejado de tener sentido. Y habrá quien, a pesar del dolor y el llanto, considerará que la muerte logró finalmente dar descanso a su ser querido y a los que transitaron con esa persona durante años de convalecencia.

Cuando hay madurez, no percibimos los acontecimientos de nuestra vida como episodios aislados, sino que los vemos desde la perspectiva de nuestra historia personal. Todos hemos vivido la experiencia de comprender las cosas de una manera muy diferente transcurrido cierto tiempo. Lo que en su momento nos pareció una catástrofe, hoy lo contemplamos como una bendición para nuestra vida. Seguramente conoces a alguien que al momento de alguna separación amorosa parece a punto de resquebrajarse en mil pedazos y que, pasado el tiempo, te expresa con una sonrisa cuánto agradece lo que sucedió, puesto que gracias a ello su vida se transformó para mejor.

Tolerar las paradojas de la vida es también signo de madurez. Las contradicciones son parte de la existencia; nuestra capacidad de sobrellevarlas nos permitirá tomar las mejores decisiones. La paradoja nos inquieta por la incertidumbre que nos produce, pero la vida misma es a cada paso incierta y si hemos de vivir con madurez es preciso, como diría un poeta, «trabajar con tanto entusiasmo como si fuéramos a vivir eternamente y amar y disfrutar el momento como si fuéramos a morir mañana».

Más que estar relacionada con la edad, la madurez es la consecuencia de saber aprender de nuestras experiencias. Se suele decir que la experiencia por sí sola nos hace madurar, pero en realidad es nuestra capacidad de aprender de lo que nos ocurre lo que nos hace personas maduras. Aunque, como bien afirma el doctor Gerónimo Acevedo, el verbo madurar, con relación al ser humano, sólo puede conjugarse en gerundio. Siempre estamos madurando.

Puesto que la edad no es lo que determina nuestra madurez, apreciar la relatividad de las situaciones, tomar perspectiva histórica y tolerar la paradoja es algo que podemos alcanzar desde una temprana edad cuando logramos interiorizar a la gente, asimilar las circunstancias y mantener la esperanza.

El proceso de interiorización depende del grado de madurez neurobiológica, de la madurez emocional, del entorno que nos rodea y de la fortaleza de nuestros valores.

Desde la perspectiva de la neurobiología, los estudios científicos más recientes comprueban que el sistema nervioso sigue evolucionando más allá de los 35 o 40 años de edad, y que siempre tenemos la capacidad de establecer nuevas interconexiones que modifiquen nuestra percepción de la información y, por ende, nuestras respuestas. Nunca debemos pensar que lo que nos sucedió es un determinante absoluto.

La maduración neurobiológica favorece la madurez cognitiva, es decir, nuestra capacidad de pensar. El manejo de nuestro pensamiento determinará hasta qué punto tendremos éxito en relativizar situaciones, tomar perspectiva y tolerar la contradicción.

Dentro de un esquema del desarrollo cognitivo, la capacidad de tolerar la incertidumbre es una clara señal de la madurez del individuo.

La interiorización sana de las personas que nos rodean se logra también a través del entorno. Todos necesitamos un ambiente de seguridad en el cual encontrar reafirmación, respeto y afecto positivo e incondicional. Lo importante es darnos cuenta de que si no lo tuvimos de pequeños, lo podemos tener en la vida adulta.

¿Cómo aprendemos los seres humanos a manejar la intensidad de nuestras emociones? ¿Cómo logramos de adultos reconocer y expresar que estamos enojados, tristes o avergonzados, en vez de encubrir nuestros sentimientos diciendo que estamos cansados o que nos sentimos mal?

Contar o haber contado con una persona en nuestro entorno que nos escuche y ayude a identificar y sobrellevar nuestro dolor es una fuente de enseñanza para aprender a manejar y manifestar nuestras emociones.

Nuestro desarrollo y la madurez emocional deben mucho a quienes nos han acompañado solidariamente. A pesar de que algunos de nosotros podamos considerar que nunca hemos tenido cerca a un escucha empático, mientras estemos vivos nunca es tarde para descubrir a una persona así.

Nuestra capacidad de interpretar los conflictos y de responder con madurez se incrementa cuando buscamos un entorno que provea la compañía de personas cuyos valores y lenguaje coincidan con los nuestros y cuya sola presencia y afecto nos ayuden a sentirnos seguros.

Hay muchas más personas de las que nosotros imaginamos que están dispuestas a escuchar y dar apoyo, pero con frecuencia somos nosotros los que por orgullo o timidez no aceptamos esa oportunidad que se nos brinda.

Sin embargo, desde el punto de vista de la resiliencia, más importante que contar con apoyos empáticos es nuestra habilidad para interiorizarlos.

Para ser personas emocionalmente maduras necesitamos interiorizar los amores de nuestra vida. Nos desarrollamos a través de la interiorización de la gente a quien hemos amado, aceptándolos con sus virtudes y sus defectos. Interiorizar el amor nos lleva a **reasignar**, y no simplemente a resignarnos, a la calidad de relaciones que hemos tenido. El reasignar nos da valor para cambiar en nosotros aquellas cosas que podemos cambiar, la serenidad para aceptar las que no podemos cambiar y la sabiduría para reconocer la diferencia.

Para alcanzar una auténtica madurez es preciso reasignar significado a lo que nos ha sucedido y, sobre todo, a las personas con quienes nos sucedió.

Interiorizar el amor, conservar el valor de lo que nos han aportado nuestras relaciones y reasignar sentido a los acontecimientos es lo que más nos ayuda a aceptar la realidad como fue y a dejarla ir. A diferencia de lo que podríamos suponer, las pérdidas y las carencias no son la causa de nuestro malestar emocional. Los pesares sanos duelen, pero no nos enferman. El dolor produce lágrimas, pero no pacientes.

En realidad, lo que nos altera y discapacita es no ser capaces de amar. Es el fracaso en interiorizar a aquellos que hemos amado, aunque ellos hayan o no correspondido, y no su presencia o su pérdida lo que irrumpe en un adecuado desarrollo. Interiorizamos a las personas al dejarlas fluir, y eso nos transforma.

Cuán importante resulta entonces interiorizar el amor de los que ya no están presentes. En realidad, no es la pérdida de quienes han fallecido o se han ido por desamor lo que nos enferma; sino la permanencia en nuestras vidas de aquellos a quienes permitimos seguir influyendo en nosotros a pesar de su inconstancia y de su abuso.

Por supuesto, la biología, el entorno y la capacidad para interiorizar y asimilar el amor de los demás influyen en el desarrollo de una personalidad sana. Sabremos que hemos alcanzado la madurez cuando enfocamos nuestra mente y abrimos nuestro corazón al amor, lo cual nos lleva a sentirnos agradecidos con la vida por todas las experiencias que, hayan sido lo que hayan sido, nos permiten trascender.

En todo esto, nuestros valores, la madurez espiritual y la imaginación juegan un papel importante, ya que sin la capacidad de trascender el momento presente y sin la capacidad de imaginar, la madurez de nuestras defensas y la esperanza serían imposibles.

MADUREZ DEL ESPÍRITU
Dar sentido a lo que nos ocurre.
Organizar nuestra historia.
Comprender y dar.

Vivir con la posibilidad de dar sentido a lo que nos ha ocurrido, organizar nuestra historia, editando las páginas de nuestra propia vida, comprender y dar, son los más sencillos, necesarios y eficaces medios de defensa para nuestro espíritu.

La vida no se acaba hasta que se acaba. Mientras sigamos vivos la vida siempre tendrá propósito. Cada uno de nosotros decide cómo asimilar el pasado, qué conservar en la memoria viva de nuestro corazón y qué cosas dejar atrás, como experiencias vividas, pero sin vigencia en nuestro presente. Cultivar la comprensión del para qué de nuestras experiencias y de las personas que nos han rodeado, así como dar de nosotros mismos a la vida, fortalecerá nuestra estabilidad psicoemocional y dará plenitud a nuestro camino.

Vivimos en un mundo en el que las defensas que procuramos utilizar para amortiguar nuestro vacío existencial resultan contraproducentes. Las auténticas defensas del espíritu nos hacen ver que el escape a través del consumismo, incluso en aquellos momentos en que la distracción resulta agradable, no ofrece características de resiliencia.

Ir de compras puede mitigar durante algunas horas nuestro vacío o, como ocurre con muchas personas ansiosas, nos olvidaremos de los tranquilizantes viendo la televisión toda la noche, pero nada de todo esto nos aliviará de verdad.

La persona madura no tiene miedo de estar sola, porque el tiempo de soledad se utiliza para el autodescubrimiento y para el enriquecimiento de su vida espiritual. De igual forma, la madurez nos permite sentirnos bien en compañía de otras personas, porque elegimos estar con ellas.

Al madurar deja de darnos miedo involucrarnos, comprometernos con alguien más, ya que al estar comprometidos con nosotros mismos sabemos que siempre podemos rescatarnos. Al saber estar con nuestra propia persona no necesitamos controlar a otros.

La madurez nos ayuda a reconocer nuestra vulnerabilidad y permanecer tranquilos ante nuestras limitaciones. Nos aporta tolerancia ante aquellos que no tienen los mismos criterios y nos lleva a aceptarlos con amabilidad, a pesar de los desacuerdos.

Al estar comprometidos en crear para nosotros mismos una vida de autenticidad, no necesitaremos aparentar ser lo que no somos y podremos alegrarnos junto con los otros de sus éxitos y su felicidad. Al reconocer que el camino por el que transitamos es el correcto para nosotros, tendremos paciencia ante los obstáculos; por el esfuerzo de ser siempre mejores, sabremos envejecer con dignidad.

La madurez nos ayuda a encontrar intereses en común con las luchas y los ideales de otras personas, nos aleja del sentimiento que impulsa a tantos a sentirse siempre en competencia con los demás.

La resiliencia no nos hace inmunes al dolor ni nos convierte en seres imperturbables o indiferentes, pues la madurez que resulta de ella nos lleva a asumir la responsabilidad de nuestro propio crecimiento.

APOYO SOCIAL

Los amigos: una familia cuyos individuos se eligen a voluntad.

JEAN BAPTISTE ALPHONSE KARR

Uno de los recursos que tenemos para favorecer el equilibrio psicoemocional es el apoyo social, que requiere interiorizar nuestros afectos para asumirlos tal como han sido y son, y, asimismo, una capacidad de extraversión para relacionarnos.

Al interiorizar los afectos del pasado, éstos se convierten en un apoyo para el presente, ya que la experiencia de nuestras relaciones no es lo que nos sucede, es lo que hacemos con lo que nos sucede. Por ello es muy importante para nuestra resiliencia tener la capacidad de recordar el pasado para retomar en nuestro corazón a quienes fueron fuente de fortaleza y para mantener la esperanza de amar en el futuro. Todos necesitamos relaciones afectivas, así como la capacidad de compartir la intimidad de nuestra alma.

A pesar de que no hayamos tenido este tipo de apoyos en nuestra infancia, como la investigación lo ha demostrado, nunca es tarde para establecer redes significativas. Por esta razón se considera importante nuestra capacidad de extraversión, ya que nos ayuda a buscar conexiones y a no quedarnos «esperando que alguien más» tome la iniciativa.

Tal vez hayamos perdido a toda nuestra familia por muerte, separación o por comportamientos abusivos; tal vez la increíble ingratitud con que nos han tratado nos lleve a un alejamiento para evitar el maltrato y el abuso, pero siempre tendremos la capacidad de establecer redes significativas y construir de nuevo un entorno de familia con quienes nosotros elijamos, un entorno que nos brinde apoyo y afecto.

Para crear y contar con apoyos sociales requerimos de la disposición y capacidad de *metabolizar*, por así decirlo, a otras personas una vez que las encontramos. Esto está inexorablemente unido a la madurez que nos permite aceptar las luces y las sombras de cada relación. *Metabolizar* a las personas es el don de interiorizarlas, llevarlas a nuestro corazón, quererlas como son.

El desarrollo de la empatía y el deseo de salir de la estrechez del egoísmo nos ayudará a establecer nuevos vínculos, con los cuales no sólo será necesario dar de nosotros mismos, sino también tener la capacidad de permitir que se nos dé y se nos apoye.

En el arte de navegar a través de las tormentas, la adquisición de recursos internos nos da, al ser resilientes, la confianza y la alegría que deben caracterizarnos. Estos sentimientos positivos hacen posibles los vínculos afectivos que nos proporcionan apoyo. Al mismo tiempo, éstas son las actitudes más importantes que nos permiten ser receptivos a todo aquel que nos brinde su apoyo.

Son muy numerosas y muy diversas las realidades con las que nos encontramos y con las cuales debemos tratar; realidades que nos exigen comunicarnos con el otro, con el mundo, con el silencio, con la soledad, con el dolor, con la esperanza, con el propósito, con la felicidad, con nuestra época y tiempo, con nosotros mismos y con Dios.

Por esta razón la intercomunicación afectiva es fundamental para el crecimiento humano. Somos seres que necesitamos relacionarnos, nos construimos a nosotros mismos abriéndonos a los demás en el contexto de nuestra realidad como seres sociales.

Para establecer vínculos significativos y duraderos tenemos que saber manejar tres aspectos referentes y necesarios en toda relación:

- Subjetividad
- Reciprocidad
- Responsabilidad social

Subjetividad. Manejarla es indispensable para lograr relaciones armónicas y estables. «Cada cabeza es un mundo» y si lo ignoramos, la convivencia será imposible ya que no tendremos la tolerancia hacia la percepción del otro que puede ser muy diferente a la nuestra.

Cierto es que no podremos convivir con alguien cuyas ideas, anhelos, valores e interpretación de la realidad sean completamente distintas a las nuestras, pero en cualquier relación que deseemos mantener necesitaremos ser conscientes de los problemas que la valoración subjetiva puede ocasionarnos.

Muchos conflictos de relación surgen por la interpretación que damos a los acontecimientos o a las palabras de los demás. Tendremos que recordar siempre que nuestra interpretación tal vez sea equivocada, ya que nuestra forma de pensar está teñida por nuestra subjetividad.

Ser conscientes de que el aspecto subjetivo de nuestra percepción puede convertirse en el ruido que nos impide escuchar o valorar al otro nos permite asumir la responsabilidad de nuestra conducta cuando enfrentamos desacuerdos.

Reciprocidad. A pesar de que nos gusta pensar que el amor es incondicional, para que una relación perdure y crezca es preciso que exista reciprocidad en los afectos, en los detalles que la alimentan y también en el tiempo que se comparte. Ninguna relación sobrevive cuando uno solo de los involucrados se convierte en el donador perenne. La realidad es que cuando no procuramos al otro ni mostramos equilibrio y generosidad al compartir, la relación finalmente se extinguirá.

Más allá de toda relación cercana dentro de nuestro círculo de personas queridas, el **compromiso social** nos involucra en el desarrollo de nuestro potencial humano, extiende nuestra red de vínculos significativos, favorece el ambiente de nuestras relaciones más íntimas y, con generosidad, nos hace capaces de ayudar en la construcción de una sociedad en la que todos tengan cabida de manera digna. Todo ello nos da un propósito trascendente y un sentido de misión más pleno.

Gran parte de nuestro desarrollo como personas se da a través de nuestras relaciones. Tanto para el aprendizaje de un niño como para el de un adulto, siempre será necesaria la existencia de redes sociales que nos nutran y a través de las cuales podamos explorar y reconocer nuestras mejores cualidades y virtudes. A cualquier edad podemos acrecentar nuestra capacidad para relacionarnos y crear vínculos de calidad para nuestra vida.

Nadie tiene por qué sentirse solitario cuando se comprende que nuestro propio entorno nos ofrece una gran variedad de posibilidades para establecer vínculos que, a la vez que nos hacen desarrollar lo mejor de nosotros mismos, nos brindan los apoyos que todos necesitamos. Lo único que hay que hacer es salir de nosotros mismos y darnos a los demás. En verdad nuestra fortaleza cabalga, en gran medida, sobre lo que ha entretejido nuestro corazón.

OPTIMISMO

El SÍ es un mundo y en el mundo del SÍ viven todos los demás mundos.

E. E. Cummings

Cuando permanecemos abiertos a todas las posibilidades, abrimos verdaderamente las puertas que nos permitirán convertir en realidad nuestros anhelos y sueños.

Para la resiliencia es indispensable dar un sí a la vida, a pesar del dolor, de las pequeñas y grandes desilusiones, de los desamores e ingratitudes, de las pérdidas y limitaciones. Nuestro sí a la vida, a pesar de todo, es lo que nos permite ver más allá del color del cristal con que miramos, para superar el dolor y apreciar la vida que aún nos espera.

Es por ello que el optimismo se considera, dentro de la psicología positiva y los estudios clínicos realizados, como característica prioritaria para nuestra fortaleza psicoemocional.

Ser optimistas no significa ser ilusos. El origen mismo de la palabra nos lo aclara: «Saber ver y juzgar las cosas desde su aspecto más favorable». Esto es lo que nos abre nuevas perspectivas y nos ayuda a *optimizar*, a sacar el máximo provecho de lo que sí tenemos y evitar lamentarnos por aquello que no tenemos o hemos perdido. Sólo cuando deseamos lo mejor y esperamos lo mejor podremos lograrlo.

A lo largo de investigaciones clínicas que han durado varias décadas se ha logrado definir cuáles son las cualidades de optimistas y pesimistas que marcan la abismal diferencia en el manejo de la adversidad. Cualidades que están relacionadas con el estilo explicativo que utilizamos para interpretar el porqué de nuestras circunstancias.

Aunque hemos mencionado ya el concepto del estilo explicativo en el capítulo dos, en referencia al pensamiento sin control y la indefensión aprendida, así como en el capítulo tres, al hablar de la característica de la inteligencia, al aplicarlo al optimismo es indispensable comprender su mecánica y su impacto.

Las personas pesimistas tienden a creer que los acontecimientos dolorosos o desagradables duran mucho más tiempo, subestiman casi por completo su capacidad para cambiar algo y se atribuyen a sí mismos y a sus defectos cualquier cosa que haya podido fallar.

Ante las mismas situaciones, las personas optimistas piensan de una manera opuesta. Tienden a creer que el fracaso es un fallo que podrá corregirse y que constituirá tan sólo un retraso temporal en el camino de alcanzar su meta, que las causas del problema están delimitadas a esa sola situación y que ésta no tendrá por qué afectar las demás áreas de su vida.

Los optimistas no caen en la culpabilidad por un fracaso y asumen su responsabilidad por aquello en lo que se hayan equivocado. Afrontan una mala situación, a diferencia de los pesimistas, que se rinden más fácilmente y se deprimen con más frecuencia, como un reto de aprendizaje y crecimiento e intentan salir adelante con mayor ahínco.

Como se ha podido demostrar, a las personas optimistas suele irles mejor en los estudios, en el trabajo y en las actividades de recreo y descanso. Con frecuencia superan los promedios en las pruebas de aptitudes, su salud es inusualmente buena y tienden a envejecer con muchas menos incomodidades que la mayoría. Las observaciones sugieren que puede ser que vivan más tiempo conservando una buena calidad de vida.

Por otra parte, el pulso vital del pesimismo es el sentimiento de indefensión. Un sentir y pensar en el cual, como hemos explicado anteriormente, se asume como realidad que nada de lo que se haga puede modificar lo que está aconteciendo. Tan sólo por esto resulta obvio que una persona pesimista no tendrá la capacidad de hacer frente a las situaciones adversas con verdadera fortaleza.

Todos nos hemos sentido en algún momento indefensos. La diferencia entre aquellos en quienes ese sentimiento desaparece con facilidad y aquellos que sufren síntomas durante varias semanas es que los del segundo grupo tienen un estilo explicativo pesimista, y es eso lo que transforma el sentimiento de indefensión de breve y localizado a prolongado y general.

El sentimiento de indefensión puede degenerar en una depresión cuando ante las adversidades respondemos con una actitud pesimista. En cambio, cuando a pesar de los contratiempos respondemos de manera optimista, el fracaso nos producirá únicamente una breve desmoralización y un decaimiento pasajero. Por eso, una receta segura para llegar a un severo estado depresivo es convertirnos en pesimistas, especialmente ante las experiencias dolorosas y el fracaso.

La teoría del estilo explicativo ya se ha aplicado para predecir nuestras posibilidades de éxito. La validez que ha demostrado tener ha dado lugar a una serie de pruebas que hacen posible elegir a las personas que tendrán un buen desempeño en un trabajo, el cual con seguridad les presentará retos significativos. Los resultados confirman que las características básicas que una persona debe poseer para superar los retos y salir adelante exitosamente son:

- Aptitud
- Motivación
- Optimismo

Es innegable que nuestra aptitud juega un papel de extrema importancia en nuestra capacidad para enfrentar problemas y salir adelante. Pero lo que siempre debemos recordar es que las aptitudes pueden mejorarse o inclusive llegar a desarrollarse, lo cual dependerá de nuestra motivación y de la actitud pesimista u optimista que tengamos.

Al mismo tiempo, nuestra actitud dependerá de nuestro estilo explicativo. La forma habitual de explicarnos a nosotros mismos el porqué de las malas situaciones es mucho más que una simple cuestión de palabras. Es un hábito de pensamiento que aprendimos a desarrollar en algún momento de nuestra vida.

Nuestro estilo explicativo es el resultado de cómo nos percibimos en el mundo. Si pensamos que somos personas valiosas y merecemos lo mejor o somos verdaderos inútiles que ni siquiera tenemos esperanza. En esta percepción interna de nuestra propia persona radica precisamente la clave de ser optimistas o pesimistas.

Para reconocer más fácilmente nuestro propio estilo, recordemos las tres dimensiones clave que lo conforman: **lo permanente, lo generalizado y lo personal.**

Lo permanente

Cuando algo negativo nos acontece, ¿en qué términos solemos pensar? Si pensamos que esa situación será para **siempre** o decimos que **nunca** podrá hacerse algo para cambiarla, nuestro estilo es pesimista en esta dimensión. Si por el contrario, pensamos que **algunas veces** las cosas pueden suceder así o que esto ha sucedido sólo últimamente, es decir, que consideramos que es condición transitoria, tenemos un estilo optimista.

Curiosamente, el estilo optimista de explicar las cosas es distinto ya se trate de un evento agradable y bueno o de otro desagradable y adverso. Por ejemplo, cuando algo bueno nos sucede, si somos optimistas pensaremos en términos más permanentes, nos sentiremos seguros de que esa buena situación perdurará por mucho tiempo. En cambio, cuando algo malo nos ocurre pensaremos que tiene causas temporales. Por ello esa situación no perdurará y seguramente nos sobrepondremos a ella, lo cual nos hará reaccionar con mayor prontitud para continuar nuestro camino.

En cambio, cuando algo agradable y bueno sucede a las personas pesimistas, ellas pensarán que su causa es temporal y que no habrá de perdurar mucho tiempo, mientras que si algo adverso y desagradable les ocurre, seguramente la causa será permanente y la desgracia o sus efectos durarán toda la vida.

Las personas optimistas que piensan que hay causas permanentes detrás de sus buenos resultados, intentarán las cosas con mayor entusiasmo y esfuerzo después de tener éxito. En cambio, las personas pesimistas que piensan que lo bueno se debe únicamente a razones temporales, abandonarán la tarea aunque tengan éxito, puesto que creen que se debió a una mera casualidad.

La dimensión de lo permanente determina, pues, cuánto tiempo nos damos por vencidos. Explicarnos lo adverso por causas permanentes nos creará largos periodos de indefensión, mientras que pensar que se debe a algo temporal y, por lo tanto, pasajero, nos ayudará a ser resilientes.

Lo generalizado

Así como pensar en los sucesos en términos permanentes influye en el tiempo que permanecemos con sentimientos de indefensión o en el que tardamos en recuperarnos después de un fracaso, la dimensión de lo generalizado determinará cuántas áreas de nuestra vida se verán afectadas por un acontecimiento.

Parece que hay personas que son capaces de poner su problema en una especie de espacio limitado y seguir adelante con su vida, a pesar de que esa área esté siendo afectada por una crisis. Por el contrario, las hay que parecen sangrar por todas partes. Éstas son las que tienden a tomar por catastrófico cualquier evento; así, cuando se tira de un hilo de sus vidas parece que todo su entramado se deshilacha.

Las personas pesimistas generalizan sus explicaciones por cualquier fracaso y parecen abandonar todo, aunque el problema afecte una sola área de su vida. Si somos optimistas daremos explicaciones específicas a los acontecimientos desagradables y aunque nos podamos sentir temporalmente indefensos en ese particular espacio de nuestra vida, seguiremos adelante con todos los demás.

Al igual que en la dimensión anterior, un estilo explicativo optimista que siempre circunscribe los eventos adversos a áreas específicas, siente y cree que los buenos eventos sí afectarán positivamente en todos los demás espacios de su vida. Si algo bueno le ocurre en el trabajo, seguro que esta circunstancia afectará positivamente a su familia, a sus amigos, a sus aficiones, a su salud, a su mascota y hasta a su equipo preferido de fútbol.

El estilo pesimista, por supuesto, creerá que la adversidad en un área de su vida inundará todos sus espacios. Si algo malo le ocurre en el trabajo, seguro que afectará negativamente a su familia, le hará perder a sus amigos, le impedirá seguir teniendo aficiones, le arruinará la salud, enfurecerá a su mascota y su equipo predilecto pasará a segunda división. Por otra parte, creerá que los sucesos agradables y buenos sólo afectarán un área específica y ninguna de las demás.

Lo personal

Esta dimensión se refiere a qué o a quién atribuimos la causa de un fracaso.

Las personas que siempre atribuyen la causa de la adversidad a sí mismas o a sus defectos caen muy fácilmente en la culpabilidad y desarrollan, como consecuencia, una pobre autoestima. Piensan que no valen, que no tienen talento alguno, que nadie los quiere y que hasta el mismo Dios los ha abandonado. Lejos de nacer con estrella, nacieron estrellados. Estas personas pesimistas son incapaces de pensar que su talento ha tenido algo que ver cuando las cosas salen bien y más bien consideran que el resultado es un producto de circunstancias casuales.

El estilo optimista, aunque capaz de aceptar sus fallas y su responsabilidad, no cae en la culpabilidad y se siente seguro y estimulado para hacer los cambios necesarios que le eviten cometer el mismo error en el futuro. Si somos optimistas, nos creemos capaces de provocar cosas buenas y, por lo tanto, generamos un sano aprecio por nuestra propia persona, algo que siempre nos motivará para volver a intentar lo que nos propongamos.

De las tres dimensiones del estilo explicativo, la personalización es la más fácil de comprender, ya que se refiere únicamente a cómo nos sentimos respecto a nosotros mismos cuando algo nos sucede.

Las dimensiones de lo permanente y lo generalizado son las más importantes, las que más debemos cuidar, puesto que inciden en lo que hacemos, en lo que dejamos de hacer, durante cuánto tiempo nos sentimos indefensos y cuántas áreas de nuestra vida se verán afectadas.

Es por ello que nuestro estilo explicativo en lo permanente y en lo generalizado es lo que más podrá abrirnos o cerrarnos a la esperanza.

Desde la experiencia clínica se puede decir que atribuir a causas temporales y específicas las situaciones adversas que vivimos es, en gran parte, lo que constituye la capacidad de tener esperanza, ya que al no prolongarse la indefensión en el tiempo y al limitarla al área de vida que se ha visto afectada, nos abrimos al esfuerzo por cambiar las cosas o al cambio de actitud que nos permitirá, a pesar de todo, seguir adelante.

Más allá de lo importante que es la característica del optimismo para nuestra resiliencia, debemos siempre tener en cuenta que la investigación ha demostrado que es muy alto el precio que se paga por tener un marcado estilo explicativo pesimista.

- El pesimismo promueve la depresión.
- El pesimismo nos paraliza, nos impide activarnos para hacer frente a los contratiempos.
- El pesimismo facilita la profecía autocumplida; aquello que tememos, que creemos que nos sucederá, finalmente se convertirá en realidad.
- El pesimismo nos hace desistir ante los retos y, por lo tanto, la experiencia de fracaso es más frecuente, aun cuando el éxito fuera asequible con tan sólo un poco de esfuerzo y persistencia.
- El pesimismo está muy asociado con una pobre salud física.

Además, aun cuando la predicción de los pesimistas esté en lo correcto y las cosas no salgan bien, ellos se sentirán peor. Su estilo explicativo convierte su predicción en un desastre y el desastre, en una catástrofe sin límites.

La vida provee exactamente los mismos contratiempos y adversidades al optimista y al pesimista, pero el estilo explicativo hará que las cosas se manejen de una mejor manera o terminen hundiéndonos en el pantano de la ansiedad y la depresión.

El optimista, al ser resiliente, se sobrepone al fracaso, y aunque con algunas carencias en su vida o un poco más herido, se levanta, empieza de nuevo y crece. El pesimista se da por vencido, pierde la motivación, se abandona en la autocompasión y cae en la desesperanza. Y aunque las cosas salgan bien para un pesimista, él se sentirá perseguido por los fantasmas de la catástrofe, que seguramente llegarán en cualquier instante.

Por su resiliencia, el optimista podrá lograr mejores resultados, tendrá una mejor salud y se sentirá con más frecuencia feliz y satisfecho. Cualquier persona, incluso la más pesimista, puede aprender las habilidades del estilo explicativo del optimismo y así mejorar la calidad de su vida.

Como hemos visto, lo que se requiere para ser optimistas es aprender a hablarnos a nosotros mismos con esperanza cuando sufrimos una derrota.

Hay quienes dicen que ser optimista es vivir fuera de la realidad. Pero el verdadero optimismo nunca es ciego, aunque sí flexible y abierto, es decir, nos permite manejar nuestra forma de pensar respecto a la adversidad. La persona optimista sabe que el significado de un suceso no está en el suceso mismo, sino en la repercusión que nosotros le permitamos que tenga en nuestro desarrollo.

Nacemos susceptibles de «rompernos». En nuestras manos está pasarnos la vida zurciendo y remendando nuestras heridas o confiar en la esperanza del optimismo que nos provee de los hilos para hacer de nuestras vidas nuestra propia creación.

• • •

EJERCICIO DE REFLEXIÓN
Características
de una resiliencia interiorizada

Hagamos de nuevo un alto para reflexionar sobre cómo podemos mejorar en el desarrollo de estas características. Te recomiendo que te relajes y con la mayor honestidad posible te contestes las siguientes preguntas. Hacerlo te ayudará a tomar nota de aquellas cosas que merecen ser cambiadas y que te ayudarán a crecer.

Sentido del humor

¿Hay algo que, a pesar del dolor, me haga reír de mí mismo?

_____
_____
_____

¿Disfruto de lo que hago? ¿Cómo podría disfrutar más?

_____
_____
_____

¿A qué cosas debería dedicar más tiempo para divertirme?

_____
_____
_____

¿Soy capaz de mostrar asombro y curiosidad?

¿Tiendo a ser sarcástico y mi ironía lastima a otros? ¿Cómo podría cambiarlo?

¿Me doy cuenta de que el sentido del humor es importante para tomar distancia y manejar la adversidad?

Escribe tu chiste favorito.

Saber perdonar

¿Hay algo que debo perdonar de mí mismo o de otras personas?

_____
_____
_____
_____
_____

¿Ha habido alguna experiencia que con la perspectiva del tiempo haya significado para mí una oportunidad y una ocasión para crecer?

_____
_____
_____
_____

¿Me puedo aceptar a mí mismo como frágil e imperfecto?

_____
_____
_____
_____
_____

Madurez

¿Podría apreciar la relatividad de alguna situación que en estos momentos me parece absoluta?

_____

_____

_____

_____

¿Qué paradojas o contradicciones debería aprender a tolerar?

_____

_____

_____

_____

¿A qué experiencia de mi vida debería reasignar un significado?

_____

_____

_____

_____

¿A quién, de mi pasado, podría interiorizar con amor?

_____

_____

_____

¿Qué sentido puede tener para mi vida algo que me está ocurriendo?

_____
_____
_____
_____

¿Qué partes de mi historia podría organizar mejor?

_____
_____
_____
_____
_____

¿Qué capacidad tengo para estar solo conmigo mismo?

_____
_____
_____
_____
_____

¿Hay algo nuevo con lo que pudiera comprometerme?

_____
_____
_____
_____

Apoyo social

¿Hay alguien o algo que deba «metabolizar» en mi vida?
___

¿Cómo podría mejorar la calidad de mis relaciones?
___

¿Qué significa para mí la responsabilidad social?
___

¿Soy capaz de compartir la intimidad de mi alma?
___

¿Cómo podría establecer redes significativas que me brinden apoyo?

___

___

___

___

¿Necesito ser más extrovertido? ¿Cómo podría lograrlo?

___

___

___

___

¿Qué tendría que hacer para mostrar la confianza y la alegría que me acerquen a las personas?

___

___

___

___

___

¿Soy consciente de que mi subjetividad puede causar mucho ruido en mis relaciones?

___

___

___

¿Tendría que tener más reciprocidad con las personas con quienes me relaciono?

___
___
___
___

Optimismo

¿Qué tipo de estilo explicativo tengo? ¿Optimista o pesimista?

_____

_____

Cuando algo desagradable me sucede, ¿pienso que durará para siempre? ¿Cómo podría pensar de manera más optimista en la dimensión de lo permanente?

_____

_____

_____

¿Tiendo a convertir en catástrofe universal las cosas que me suceden, aunque en realidad sólo se vea afectada un área de mi vida? ¿Cómo podría pensar de forma más optimista en la dimensión de lo generalizado?

_____

_____

_____

Cuando me enfrento al fracaso, ¿caigo en la culpabilidad? ¿Atribuyo todos los males a mi persona o a mis limitaciones y defectos? ¿Qué podría mejorar en la dimensión de lo personal?

_____

_____

_____

¿Me siento capaz de generar cosas buenas por mí mismo?

_____
_____
_____

¿Hasta qué punto me siento motivado para volver a intentar algo? ¿Cómo podría mejorar?

_____
_____
_____

¿Qué precio estoy pagando por mi pesimismo?

_____
_____
_____

5. Espiritualidad

El espíritu nos rescata de nuestras limitaciones.
Nos ayuda a trascender y nos permite ver,
en el espejo de nuestro corazón, la imagen de nuestro creador.

JALAL AI-DIN RUMI

Frente a las tormentas se requiere una respuesta espiritual, no tan sólo psicoemocional. Reconocer que no basta la psicología para acceder al significado profundo y transformador que las crisis pueden tener para nuestra vida, nos ha hecho considerar que esta última característica de la resiliencia debe tratarse como capítulo aparte, por la trascendencia que implica y los muchos valores que involucra.

Ninguna crisis ni pérdida ni reto es más grande que la fortaleza que puede desplegar nuestro propio espíritu. Tal vez las crisis, las pérdidas y los retos tengan como propósito ayudarnos a descubrir la verdadera resiliencia de nuestra interioridad.

En la actualidad, para muchos psiquiatras y psicólogos la espiritualidad resulta ser la más importante de las características de la persona resiliente y la que más incide en resultados favorables para el manejo de la adversidad.

Si nos preguntamos el porqué de esta percepción, sólo necesitamos ser lo suficientemente humildes para reconocer que en nuestro navegar por las tempestades, como bien lo expresa Rumi, el gran místico del Islam, el espíritu es lo que nos rescata de nuestras limitaciones, nos ayuda a trascenderlas y nos permite ver el reflejo de Dios, en quien está nuestra mayor seguridad y alianza.

La intención profunda de toda religiosidad es favorecer nuestro camino para el desarrollo de lo espiritual. Por ello, en la investigación psicológica actual se nos muestra que una religiosidad profunda y el despertar espiritual facilitan el manejo de las crisis y mejoran nuestro ánimo, favoreciendo la integración de las defensas de nuestra madurez.

En cierto sentido, en realidad, la resiliencia es una manera de describir el potencial espiritual que siempre puede generar reacciones favorables en el pensamiento y en la conducta humana.

Toda terapia que desee prevenir y ayudar a sanar la enfermedad deberá considerar y valorar siempre el potencial que toda persona tiene para ser resiliente. No existe una terapéutica efectiva que no tome en cuenta, como recurso, la capacidad espiritual de todo individuo, independientemente de sus circunstancias.

Puesto que somos una unidad de cuerpo, mente y espíritu, no llegaremos al autoconocimiento hasta que integremos cada una de las partes del conjunto. No lograremos descubrir el sentido de lo que nos ha ocurrido o actualmente nos sucede hasta que no seamos capaces de ir más allá de nuestros recursos psicofísicos a través de la fortaleza de nuestra espiritualidad.

De muchas formas, tanto en la psicología como en la medicina, se nos sugiere lo importante que es para todos creer en algo superior: la familia, una ideología, algún propósito que trascienda nuestras vidas, en Dios mismo.

La posmodernidad y las últimas décadas del siglo XX fueron debilitando a tal grado nuestro compromiso con algo superior a nosotros mismos que parece que nos hemos quedado desvalidos ante los contratiempos de la vida. Si en la actualidad se conjuga como una experiencia global para el individuo la creencia de que nuestra relación con Dios no es importante, que no lo son tampoco el desmoronamiento de nuestras creencias, la desilusión en nuestro propio país, en los sistemas socioeconómicos, y la desintegración de las redes familiares, ¿hacia dónde dirigirnos para encontrar identidad, propósito y esperanza?

Cuando necesitamos un mullido y amplio soporte espiritual, miramos a nuestro alrededor y nos damos cuenta de que han desaparecido los que pueden ser cómodos y acogedores y que lo único que nos queda es una endurecida, pequeña e incómoda silla plegadiza: nuestro egoísmo. Ese egoísmo carente de la seguridad que nos da comprometernos con algo superior a nosotros se transforma en el escenario perfecto para convertirnos en los más débiles e incapaces ante los embates que la vida nos presenta.

Parece que hoy en día, cuando nos enfrentamos a fracasos que no se pueden controlar, nos convertimos en seres absolutamente indefensos; caemos entonces en la desesperanza y perdemos el valor sagrado de la vida. Por esto, y mucho más, redescubrir nuestra espiritualidad resulta ser una tarea urgente.

Pero ¿qué es el espíritu? Desde los diccionarios de la lengua, hasta los de teología, pasando por los de psicología y filosofía he aquí una síntesis de algunas de sus definiciones.

¿QUÉ ES EL ESPÍRITU?
- Es el principio divino y activo de todo lo que existe.
- El poder irresistible y el misterio de la fuerza de la vida.
- Es el eje ordenador del mundo, la vida y el pensamiento.

- Está ligado a la conciencia del individuo y da, a todo ser, objetivos con sentido.
- Nos ayuda a establecer los valores y los ideales y nos brinda orientación.
- Es nuestro SER con Dios.

Más allá de cualquier definición, ¿qué es lo que tú y yo necesitamos para vivir una espiritualidad auténtica?

Independientemente de la diversidad de nuestras creencias, toda espiritualidad, para ser vivida de manera profunda y con autenticidad, exige la práctica de valores y hábitos de vida, sin los cuales la fortaleza de nuestro espíritu no puede manifestarse.

En todas las tradiciones se nos invita a vivir de acuerdo a prácticas de interiorización, principios rectores de conducta y virtudes, que constituyen los verdaderos pilares de nuestra seguridad y alegría.

ESPIRITUALIDAD

Oración
Desapego
Ética
Sabiduría
Amor
EsperanzaFe

• • •

ORACIÓN

La primera cosa que Dios inspira al alma que toca es un conocimiento extraordinario, por el cual el alma se considera a sí misma y considera las cosas de una manera completamente nueva.

BLAS PASCAL

Vivir y fortalecer nuestra espiritualidad requiere de una conciencia cada vez más amplia respecto a la realidad de nuestro interior.

Afirmaba Teresa de Jesús: «Nuestra alma es como un castillo del más fino cristal en cuya morada o habitación central habita el Señor», y «la puerta de entrada a ese castillo es la oración».

Para muchos de nosotros creer en Dios no es más que una expresión vacía, puesto que Dios sólo representa un concepto y no alguien con quien nos relacionamos de manera viva y constante. Para establecer cualquier tipo de relación, y que ésta sea significativa, la comunicación resulta prioritaria. La oración es la forma a través de la cual dialogamos con Dios, el medio por el cual la relación cobra vida y constituye la conciencia del acompañamiento de nuestro eterno aliado.

Sigmund Freud se lamentaba al decir: «El hombre no es amo ni de su propia casa... en su propia mente». La quietud que requerimos para poner nuestra propia casa en orden sólo se alcanza a través de la meditación profunda, la oración silenciosa a la que debemos aspirar.

Cuando el alumno preguntó: «¿Qué se interpone en mi camino para conocerme a mí mismo y a Dios?», el sabio maestro le respondió: «Tu mente, que divaga».

Cualquier relación sufre por nuestra falta de atención. También nuestra relación con Dios se nubla cuando no tenemos una disposición de atención amorosa a Él y en Él. Capacitar nuestra concentración es vital. Nuestra naturaleza y nuestros recursos espirituales son opacados por la actividad desordenada de nuestra mente.

Cuando aprendemos a serenarnos nos acercamos más a nuestra esencia. Por ello la meditación es una práctica universal en todas las religiones y la contemplación una meta para la experiencia mística. El reto de controlar nuestra atención y orar en profundidad no es tanto un camino sinuoso como un proceso que requiere de paciencia y constancia.

En la tradición occidental existen diversas formas de oración:

La primera y más conocida es la **oración simple o verbal**, en la que se recitan frases o repiten fórmulas. Aunque menospreciada por muchos, es un tipo de oración importante puesto que se convierte en la única forma posible de orar cuando nuestra mente divaga agobiada por la ansiedad y la tristeza. Este nivel de oración debe de ir acompañado, también, por un esfuerzo de permanecer conscientes de la presencia de Dios en todas nuestras actividades cotidianas.

En la tradición cristiana, un segundo nivel de oración es el de **meditar-reflexionar** sobre la palabra de Dios, *Lectio Divina*, así como reflexionar en los acontecimientos del presente o en nuestra propia experiencia y en su mensaje para nuestra vida. Para lograr una oración meditativa debemos disponer nuestro cuerpo para la quietud, a través de la relajación*, y nuestra mente, a través de la concentración.

**Nota de la autora.* La relajación que recomiendo es la del Método Silva por ser fácil de aprender y por su comprobada efectividad.

Un tercer nivel de oración es la **contemplativa** que, más allá de la disposición del cuerpo y la mente, procuramos alcanzar a través de la atención amorosa al Dios que ha tomado la iniciativa de amarnos, para entrar en el silencio donde podamos escucharlo cuando sea Él quien determine el momento.

Para lograr incorporar la oración a nuestra vida es importante establecer una rutina diaria. Nos sorprenderá la paz interior que se irá haciendo sentir en nuestra vida. Una paz que nos ayudará a ser menos compulsivos ante las necesidades, a sentirnos menos atribulados por las emociones dolorosas, menos alterados por lo que nos ocurre y más despiertos a la realidad profunda de la presencia de Dios.

Una forma que puede ayudarnos a crear nuestra rutina de oración y que hemos podido constatar como eficiente y provechosa es la metodología creada por el doctor Rafael Checa, O. C. D., y que consta de los siguientes pasos:

- **Preparación remota.** Procurar vivir de acuerdo a los principios y valores que nos hacen conscientes de la realidad de Dios en nuestra vida.
- **Preparación próxima.** Disponernos para el tiempo que asignamos a la oración a través de la relajación del cuerpo y la mente.
- **Meditación.** Detenernos a reflexionar sobre alguna lectura que previamente hayamos realizado o sobre algún acontecimiento actual o situación de nuestra vida personal, procurando descubrir el mensaje que hay para nosotros detrás de la palabra de Dios o de lo que nos sucede.
- **Diálogo afectuoso.** Conversar confiadamente con el amigo que nos escucha y nos habita.

- **Atención amorosa a Dios**. Acallar el ruido y las palabras internas para alcanzar el silencio que procura escuchar a Dios.
- **Promesa o propósito.** Reiterar nuestro compromiso de cercanía y práctica de oración, así como de mejora en aquellas áreas de nuestra vida que lo requieran.
- **Petición.** Pedir a Dios la perseverancia en la oración y los dones que nos acerquen a una vida de mayor plenitud y significado.
- **Acción de gracias.** Expresar nuestra gratitud a Dios que nos escucha y siempre nos responde.

En los momentos de adversidad y dolor todos buscamos a Dios. No nos resultará fácil encontrar a quien, con frecuencia, hemos ignorado tanto. Puede ocurrir a veces que rehusemos enfrentar nuestra propia intimidad, como si pretendiéramos huir de ella. Parece que la vida se nos gasta con tantas prisas y nos convierte en meras apariencias huecas.

El impacto destructor del estrés, de la frustración y de los continuos embates emocionales a los que estamos permanentemente expuestos, pueden neutralizarse casi por completo con la serenidad de la meditación; con una muy sincera vida interior, dinamizada por una auténtica vida de oración.

Vivimos entregados a la exterioridad, que nos distrae y nos entretiene de los asuntos más profundos que tendríamos que confrontar. Por ello, es necesario un esfuerzo para seguir la vía de la interioridad, que otorga carácter a nuestra libertad y responsabilidad a nuestra conducta, que nos lleva por la oración al interior del castillo.

• • •

DESPRENDIMIENTO

Aquellos cuyo corazón se apega a las cosas y a las personas están extraviados, y si no saben desprenderse serán incapaces de liberarse de los sufrimientos de la vida.

Shantideva

La filosofía budista nos recuerda de manera constante que en esta vida nada es permanente, todo es pasajero. Sin embargo, nos apegamos con desesperación a todo aquello que consideramos nuestro, lo que inevitablemente nos llevará al dolor y al sufrimiento.

Nuestra obsesión por *tener* nos empuja cada vez más a desarrollar toda clase de apegos y a crear todo tipo de necesidades compulsivas que cada día quitan más brillo y alegría a nuestra vida. Shantideva afirmaba que los seres humanos, aunque decimos buscar la felicidad, corremos, sin embargo, tras todo aquello que nos hace sufrir.

Transformar nuestros deseos, incluso los positivos o aquellos que reflejan el afecto de nuestro corazón, en apegos obsesivos, nos producirá tarde o temprano frustración y sufrimiento.

Comprender que nos convertimos en prisioneros de nuestras posesiones y relaciones y emprender la tarea de reconstruir nuestros anhelos de manera sana nos exige la práctica del desprendimiento y la autodisciplina.

Todas las religiones y filosofías de vida nos urgen a reconocer que ninguna persona, sensación o posesión exterior puede darnos satisfacción verdadera y que los apegos nos encadenan a los pequeños placeres y nos impiden llegar al más grande y satisfactorio de todos. San Juan de la Cruz escribía: «El alma apegada a cualquier cosa, por buena que ésta sea, no alcanzará la libertad de la Divina Unión».

Aferrarnos a las cosas y a las personas nos causa serios problemas. Luchar de manera constante para que el mundo y las personas sean como nosotros queremos desgasta nuestras energías, y aunque en algo lo logramos, lo inevitable sucede: todo cambia. Es por ello que muchos sabios en todas las tradiciones han considerado que el desprendimiento es la más grande de las virtudes, podríamos añadir que es también la más realista.

Meister Eckhart, un gran místico del siglo XIII escribió: «He leído mucho de los profetas y de los maestros paganos para encontrar cuál es la más grande y mejor virtud con la que el hombre puede completa y cercanamente conformarse a sí mismo a Dios... Y en mi escrutinio de todo lo escrito, hasta donde mi razón me lo permite, no encuentro ninguna mejor virtud que el desapego puro de las cosas».

El dolor es, en muchas ocasiones, una advertencia, una llamada de atención sobre aquellos apegos de los que tenemos que desprendernos hasta que finalmente nos libremos de ellos.

Nuestra resiliencia requiere que aprendamos a renunciar al apego de las cosas y a nuestro afán por convertir a la gente en nuestra posesión. Sólo así surgirá el espacio de libertad en el que todos podamos desarrollar nuestro potencial, nuestra dignidad y nuestra fortaleza interior.

Al aferrarnos a las cosas dejamos realmente de ser libres. ¡Qué extraño! Buscamos cómo generar bienestar, posibilidades económicas, relaciones afectivas, y por nuestro apego desmedido todo ello se convierte en nuestra prisión. Dejamos de compartir un feliz fin de semana con los amigos en el campo o en la playa porque, ¿quién cuidará la casa? Dejamos de vivir por miedo a perder.

La vida tiene, como constante, la realidad del cambio, y tememos esa realidad porque siempre exige desprendimiento. Necesitamos conservar la memoria para saber desprendernos a tiempo, para lograr desprendernos siempre y así vivir con paz interior la realidad de que tan sólo estamos de paso aquí. El desprendimiento, lejos de convertirnos en personas apáticas, nos lleva a la experiencia del amor más genuino y a la verdadera libertad.

Cuando nos sentimos tristes, enojados o con miedo es muy probable que creamos que algo o alguien nos impiden satisfacer lo que anhelamos. Si estas emociones se intensifican y se prolongan, al no alcanzar lo que deseábamos, esto será un indicativo de que nuestro deseo se ha transformado en un intenso apego.

Habría que preguntarnos cuánto más dolor estamos dispuestos a sufrir antes de desprendernos y renunciar. El hábito del desprendimiento no es fácil, pero siempre es posible. Renunciar a las pequeñas cosas, como tarea cotidiana de autodisciplina, nos permitirá desarrollar la voluntad necesaria para llegar a desprendernos de los grandes apegos.

El esfuerzo que requiere la práctica de esta virtud nos motiva para buscar la trascendencia, y encontrar así un sentido a la vida para superar nuestros caprichos y nuestras aprehensiones.

Cuando eludimos esta trascendencia caemos en el vacío existencial, en una actitud de cinismo o desconfianza hacia la vida, en una carencia de valores y principios, en un egoísmo que nos aliena y en una desesperanza que desvanece por completo las posibilidades de futuro.

Nuestros apegos nos hablan de esa búsqueda desenfrenada que pretende encontrar en el exterior lo que sólo podemos encontrar dentro de nosotros mismos.

Aprendamos a ser conscientes de las limitaciones de lo externo, incluso de las satisfacciones placenteras, de nuestros grandes amores, y descubramos el indescriptible deleite del espíritu que crece cuando logramos reducir nuestro apetito por lo temporal y pasajero y anhela con intensidad la fuente misma de toda satisfacción, que es Dios, el que nos habita, el único que puede llenar el espacio más íntimo de nuestro ser.

La reorientación de nuestros deseos le da madurez a nuestras motivaciones, y así comprendemos que la autodisciplina, más que un sacrificio, es el esfuerzo por alcanzar experiencias más significativas y verdaderas.

Cuando la mente se libera de las tormentas de la aprehensión nos damos cuenta de que no necesitamos renunciar a nuestros lícitos placeres, amores y pasatiempos. A lo que debemos renunciar es a nuestro apego a ellos.

Mientras nos aferremos a las cosas o a la gente no podremos librarnos del pasado y quedaremos atrapados en el sufrimiento. Al mismo tiempo, no nos daremos la oportunidad de renovar la vida, de amar en el futuro. Nadie lo expresó mejor que el sabio Lao Tsé cuando dijo: «Sólo el río que se vacía en el océano puede seguir llenándose». El desprendimiento nos renueva, nos transforma y nos abre nuevos horizontes de felicidad y plenitud donde podemos seguir llenándonos de vida.

ÉTICA

Ética: obediencia a lo que no se nos impone por obligación.

MOULTON

En la medida en que los seres humanos, por iniciativa propia, no tengamos la capacidad de seguir por ética, conciencia y por verdadero sentido común las normas que se nos imponen, aparecerán cada vez más leyes que nos restringirán, pero que en realidad están conteniendo en nosotros lo que deberíamos ser capaces de contener por nosotros mismos.

Es probable que todo filósofo, a lo largo de la historia, haya dado su propia definición de ética. Lo importante es recordar que la ética se refiere a los fines de nuestra conducta y a los medios que utilizamos para lograr esos fines.

Los principios éticos universales no solamente son acertados para todos, sino también, en algún nivel, intuidos por todos. Habrá quien piense que no existen en realidad valores universales, puesto que cada sociedad y cultura difiere en cuanto a lo que es correcto y a lo que no lo es. Por esto, tendríamos que distinguir entre los valores morales, que ciertamente obedecen a contextos culturales y cambian con el tiempo, y los valores éticos universales, estimados por todas las culturas y constantes a lo largo de la historia.

Si un hombre debe tener una sola esposa o puede tener varias; si la mujer puede vestir escotada y mostrando las piernas o debe cubrirse por entero, son valores determinados por la cultura y también por los cambios que trae el tiempo.

Pero valores como la justicia, la responsabilidad, el amor, el respeto y la honestidad son, sin lugar a duda, principios que en todo lugar y contexto se estiman como importantes para que una sociedad pueda sobrevivir y progresar. Vivir éticamente es demostrar a través de un comportamiento voluntario la práctica de estos valores.

Los valores son proyectos de vida que se manifiestan en el comportamiento individual a través de la vivencia de actitudes y del cumplimiento, consciente y asumido, de normas y pautas de conducta.

Detrás de muchas de las situaciones de riesgo que mencionábamos en el segundo capítulo de este libro, lo que prevalece es un vacío de principios, una carencia de ética.

Practicar determinados valores y ser coherentes con ellos nos proporciona auténtico carácter, necesario para retomar nuestra propia vida, más allá y a pesar de todas las circunstancias desfavorables que hayamos vivido.

No existe una espiritualidad auténtica sin la práctica de la ética. Y una de las mejores maneras de establecer normas para nuestro comportamiento ético es aplicar la regla de oro:

«Haz a otros lo que quieras que te hagan a ti».

El principio general, tanto psicológico como espiritual, de que lo que deseamos para otros lo creamos para nosotros mismos, es uno de los más poderosos e importantes y, sin embargo, uno de los menos comprendidos.

Muchas personas consideran que las orientaciones éticas de las tradiciones religiosas son simplemente una carga adicional de normas que pueden ser o bien ignoradas o ciegamente obedecidas. Pero nuestra conducta nunca debe guiarse por indiferencia, miedo o culpabilidad. Desafortunadamente, esta comprensión tan superficial de la ética es sorda a su extraordinario potencial espiritual.

Por otra parte, y ante los preceptos éticos que los representantes religiosos nos desean aportar, será bueno siempre recordar las palabras del gran teólogo católico Hans Küng: «Los religiosos sólo son creíbles cuando se aplican radicalmente a ellos mismos las normas éticas que predican al mundo».

Una vida ética, cuando es adecuadamente comprendida y practicada —ser bondadosos, compasivos, justos, veraces—, es un don y un medio esencial para una conciencia despierta.

La ética nos exige reconocer los valores como principios de acción en nuestra experiencia cotidiana, nos da la capacidad de confrontación serena ante la adversidad y nos brinda un profundo sentido de propósito.

Los valores son fundamentales para la vida, capaces inclusive de generarla de nuevo. Para ello necesitamos reconocerlos, reflexionarlos, darles un significado afectivo, cercano a nuestro corazón y expresarlos operativamente en nuestras conductas.

La fortaleza que los valores aportan a nuestro carácter nos da la capacidad necesaria de enfrentar los infortunios con entereza, por la seguridad interna que nos da saber que hemos actuado correctamente.

El sentido de propósito es el gran motivador que nos ayuda a sostener el esfuerzo para recobrar el equilibrio. Desde una claridad de nuestra misión podemos apuntalar nuestros valores, reconocer honestamente nuestros sentimientos y optimizar nuestro potencial.

Si no nos comprometemos de verdad con un sentido de vida y con los valores y las normas que de ello se deriva, no podremos nunca lograr, ni en lo individual ni en lo social, un comportamiento auténticamente humano.

Nuestra capacidad espiritual puede realizarse desde los principios de la libertad y la responsabilidad, así como desde el autodistanciamiento y de la autotrascendencia. Todos ellos valores a los cuales se hace referencia en las diversas características de la persona resiliente.

Nos sentimos fortalecidos cuando el ejercicio de nuestra voluntad nos da el carácter para ejercer acciones virtuosas. Nos sentimos bien y satisfechos cuando obramos correctamente, a pesar de que haberlo hecho puede implicar el sacrificio de algo apetecible.

Actuar sin ética resquebraja nuestra seguridad interna y nos resta espiritualidad, pues sería absurdo y difícil sentarse a meditar después de todo un día de mentir, engañar y lastimar a los demás. Además, supone altos costos emocionales: cuando agredimos, provocamos ira; cuando mentimos, ansiedad; cuando somos ingratos, tristeza. Y eventualmente nos convertimos en lo que hacemos.

El estrés que hoy padecemos tal vez no sea tanto resultado de las presiones externas, de las experiencias vividas y del miedo al fracaso, como de haber comprometido y, en muchos casos, de haber renunciado a los valores que dan sentido a la vida. El alto costo que pagamos por perder nuestra ética no sólo afecta a la fortaleza de nuestro espíritu, sino también a la salud de nuestro cuerpo y nuestra mente.

Una vida ética se logra a través de la práctica de los valores, la calidad humana de nuestro pensamiento y la correcta acción.

Recuerda, como se menciona en el anecdotario de todas las filosofías, que todos recibiremos a un visitante no muy deseado: el ángel de la muerte, quien nos informará que ha llegado el momento. Casi nadie se siente feliz ante tal visita. Entonces se suplica más tiempo y se ofrecen sobornos, que no serán efectivos. Pediremos que un sinnúmero de personajes simbólicos como la belleza, el conocimiento y los bienes materiales nos acompañen, pero ninguno de ellos se entusiasmará con la idea. Por fin encontraremos un personaje y sólo uno que estará dispuesto a acompañarnos en el viaje final. Ese personaje es la bondad. Serán las buenas obras, la vida ética, lo único que nos facilitará la vida y se irá con nosotros en la muerte.

Cuánto sufrimiento, tiempo y esfuerzo podríamos ahorrarnos si no pusiéramos tanta atención a lo que otros dicen, hacen o piensan y nos centráramos más en procurar que nuestro comportamiento fuera cada vez más recto e íntegro.

SABIDURÍA

> *Conocer a otros es conocimiento,*
> *conocerse a sí mismo es sabiduría.*
>
> Lao Tsé

La sabiduría no es conocimiento, ni siquiera experiencia y mucho menos poder. El sabio tiene la habilidad de ver el sentido más profundo de las cosas. El sabio enfrenta la adversidad con una reflexión: ¿Qué fortaleza poseo para aprovechar esta oportunidad?

El conocimiento es información, la sabiduría es comprensión. El conocimiento observa desde lo objetivo, la sabiduría examina desde la intuición y reconoce lo que ello implica para la vida. El conocimiento nos informa, la sabiduría nos transforma.

La experiencia no necesariamente nos hace sabios, puesto que sólo lograremos abstraer de ella una enseñanza por la forma y la actitud con que la enfrentamos.

Puede haber experiencias que, aun siendo profundas y espirituales, nos llevan al apego de las mismas y, lejos de darnos sabiduría, se convierten en una vivencia egocéntrica y en un riesgo para la propia espiritualidad.

Cuentan que un joven monje salió de repente de su estado contemplativo y corrió a buscar a su maestro. Sin detenerse por un solo momento llegó hasta donde el maestro se encontraba leyendo y casi sin aliento le anunció que había tenido una visión. «No te preocupes», le respondió el maestro sin siquiera mirarle, «si continúas meditando desaparecerá».

Por supuesto que las experiencias profundas pueden darnos sabiduría, pero deben ser cuidadosamente examinadas, utilizadas para crecer y consideradas como verdaderas sólo cuando producen un efecto que se demuestra en la práctica de la virtud.

La sabiduría es necesaria para alcanzar una auténtica fortaleza espiritual que nos permita reconocer a Dios como siempre presente, como el eterno aliado, aunque nos encontremos viviendo la experiencia de no sentirle transitando por la noche oscura del espíritu.

Por otra parte, la sabiduría nos da la capacidad de encontrar sentido y propósito en nuestras vidas; de manejar nuestras relaciones y nuestra soledad; de reconocer nuestra grandeza y nuestros límites; de vivir en la incertidumbre y el misterio; de saber crecer en las oscuridades, el dolor y la muerte.

La sabiduría nos permite reconocer la diferencia entre las acciones que nos llevan a placeres momentáneos y a la vez a un grande y prolongado dolor, así como a las acciones que, al ser correctas y generosas, nos llevan a un verdadero bienestar.

La sabiduría reconoce el extraordinario poder de la mente para crear o nublar nuestra experiencia, para producir éxtasis o sufrimiento, para crecer o estancarnos.

Los sabios reconocen los estragos que una mente no educada, salvaje y sin control puede ocasionar. También exploran la forma de capacitarla, puesto que comprenden que la mente es un medio esencial para el manejo de nuestras emociones y el fortalecimiento de nuestros valores. Capacitar nuestra mente es una prioridad, ya que ese mismo esfuerzo promueve nuestra sabiduría.

Como sabiamente nos advierte el *Talmud*: «No vemos las cosas como son, sino como somos nosotros. Lo que percibimos es seleccionado por nuestros deseos, coloreado por nuestras emociones y fragmentado por nuestra atención, que divaga».

Por nuestra falta de sabiduría, por nuestra mente sin control, somos capaces de matarnos unos a otros para demostrar que nuestra realidad es la única y verdadera, lo cual demuestra, exclusivamente, nuestra carencia de humildad.

Curiosamente la sabiduría, tan relacionada con nuestra madurez, surge de una gran paradoja: si deseamos alcanzarla, debemos empezar por reconocer que no la poseemos. Es por ello que la humildad es la virtud prioritaria y el corazón mismo de los sabios.

La humildad vacía nuestros corazones de soberbia y prejuicios y abre nuestras mentes a nuevas posibilidades. Pero ¿dónde buscar la sabiduría? Casi todas las tradiciones nos recomiendan cinco fuentes para ayudarnos.

BUSCA LA SABIDURÍA
- En la naturaleza.
- En el silencio.
- En los sabios.
- En ti mismo.
- En la reflexión de la vida y la muerte.

La naturaleza nos hace sensibles a la abundancia y el equilibrio de la creación. Decía san Bernardo: «Aprenderás más en el bosque que en los libros». En esta época de consumo detengámonos a dialogar con la belleza gratuita de la vida. Como afirma Emilio Galindo: «Nada hay más triste que una persona que nunca ha interrogado a una flor».

El silencio nos da la capacidad de detenernos ante lo que nos acontece y reflexionar, para discernir entre nuestras decisiones, evitar la precipitación y transitar con serenidad por la tormenta. Sólo en el silencio podemos llegar a escuchar y comprender los mensajes de nuestra intuición.

Los sabios saben dar de sí mismos. Haz amistad con aquellos con quienes compartir la búsqueda de lo trascendente, con aquellos que enriquecen la amistad con lo profundo. La sabiduría del judaísmo nos recomienda: «Que tu casa sea un lugar de encuentro para los sabios y que puedas beber de sus palabras con sed».

En ti mismo. Ya en el oráculo de Delfos, siglos antes de Sócrates, la máxima de la sabiduría era: «Conócete a ti mismo». San Agustín de Hipona oraba: «Permíteme, Señor, conocerme a mí mismo, y entonces te conoceré». Casi siempre se nos escapa el secreto de la vida porque lo buscamos en el lugar equivocado. Cuando finalmente volcamos nuestra atención hacia lo interior iniciamos el camino al sitio adecuado. Recuerda que en nosotros siempre está la respuesta. Aprendamos de nuestra propia vida para definir las preguntas.

Para **reflexionar sobre la vida y la muerte** es recomendable considerar cuatro verdades del budismo tibetano llamadas «transformadoras de tu mente», que nos ayudan a tener una mayor conciencia de la realidad.

- **La vida es un don.** Reflexionar sobre lo único y sagrado de nuestra vida es un ejercicio indispensable de

sabiduría ya que, de esa reflexión, surge la gratitud y aprendemos a valorarnos y a mejorar.
- **La muerte es segura.** Reflexionar sobre la muerte nos ayuda a tomar conciencia de cuán breve e impredecible es la vida. Nos da la sabiduría que vencerá nuestros miedos, que nos ayudará a morir con esperanza y nos motivará a vivir con mayor plenitud. Decía el famoso astrónomo Carl Sagan: «Les recomiendo morir a todos, ayuda a construir nuestro carácter y a tener una más clara percepción de lo que es importante y de lo que no lo es».
- **La vida conlleva dolor inevitable.** Reflexionar sobre nuestra propia fragilidad nos ayuda a comprender que el dolor es consecuencia natural de nuestras limitaciones. Sin embargo, el sufrimiento depende enteramente de nosotros, puesto que es resultado de nuestra manera de hacer frente a lo adverso. Reflexionemos también sobre cómo el dolor nos catapulta en muchas ocasiones al progreso espiritual, a dejar atrás el sufrimiento y a ayudar a otros para que dejen de padecerlo.
- **Nuestras elecciones construyen nuestra vida.** Reflexionar sobre el hecho de que todo lo que decimos, pensamos o hacemos tiene un efecto sobre nuestra vida y crea consecuencias nos da conciencia para aceptar la responsabilidad de nuestro libre albedrío. Esto nos proporcionará la sabiduría para comprender que incluso en aquellas situaciones en que sentimos que la vida nos golpea, será nuestra elección cómo respondemos.

Por otra parte, debemos reiterar que la humildad y la disposición a aprender es vital para la sabiduría. El *Talmud* pregunta: «¿Quién es un hombre sabio?», y contesta: «Aquel que aprende de todos los demás». La sabiduría impide que nuestras creencias personales y nuestros prejuicios obstaculicen nuestra capacidad de mantenernos abiertos para aprender. Hasta el hombre considerado ignorante tiene algo que enseñarnos.

¿Somos capaces de admitir que no lo sabemos todo y que necesitamos aprender? Esto es lo que nos dará la capacidad para comprender nuestro pasado y seguir creciendo.

La sabiduría nos proporciona valor, la habilidad de confrontar nuestra participación en todas aquellas experiencias que juzgamos desafortunadas. La sincera voluntad de mirarnos a nosotros mismos con valentía, honestidad y humildad es el primer paso en el camino que nos llevará a ser sabios.

AMOR

Ama y haz lo que quieras. Si callas, callarás con amor; si gritas, gritarás con amor; si corriges, corregirás con amor; si perdonas, perdonarás con amor. Si tienes el amor arraigado en ti, ninguna otra cosa sino amor serán tus frutos.

SAN AGUSTÍN DE HIPONA

Nuestra espiritualidad queda totalmente vacía cuando el amor no se ha convertido en el eje rector de todos nuestros actos. Crecer en el espíritu es crecer en el amor.

Nos lamentamos de cuán miserable es nuestra vida y nos damos cuenta de que la causa de tanta miseria es nuestra falta de compromiso con lo que está más allá de nosotros mismos. Un creciente individualismo, carente de verdadero contacto con los demás, y una apatía cada vez mayor ante la urgencia de la solidaridad ha ido incrementando cada vez más nuestra vulnerabilidad ante la depresión. Nuestro egoísmo no da cabida al espacio necesario para encontrar sentido.

Vivir una auténtica espiritualidad nos da conciencia de que una desmedida preocupación por nuestra propia persona, aunque sea gratificante de maneras muy inmediatas, no resultará positiva para nuestro bienestar a largo plazo.

¿Cómo reducir, con una visión más amplia, nuestro egocentrismo y comprometernos de una manera más auténtica con los demás? La única respuesta posible está en nuestra práctica y en la coherencia con el amor.

Vivimos en una sociedad en la que el esfuerzo de generosidad de ofrecer nuestro tiempo y ofrecernos nosotros mismos ya no resulta natural. Nos encontramos inmersos en una competencia despiadada en la que todo esfuerzo se dirige a tratar de ser siempre el número uno.

La única manera de salir de esta espiral que parece consumirnos es a través del ejercicio del amor, que sin lugar a dudas es la práctica antidepresiva que más urgentemente necesitamos y que será la mejor aliada para nuestra resiliencia.

Cuando nos comprometemos en actividades de servicio que favorecen a nuestra comunidad, la vida recobra un brillo que da significado a nuestro diario vivir. Nos deprimiremos menos, nos enfermaremos con menos frecuencia y nos sentiremos mucho más plenos si colaboramos por el bien común y somos menos ávidos en nuestros placeres solitarios.

Lo más importante y significativo para nuestro ser resiliente es que el vacío y la falta de sentido que el egocentrismo genera empezarán a desaparecer. La libertad de elegir entre una u otra forma de ser y actuar está en nosotros mismos.

Si nos preguntamos con frecuencia cómo ejercitar el amor, podemos recurrir a una de las más antiguas y universales formas para lograrlo.

¿CÓMO AMAR?

Allí donde haya odio, ponga yo amor;
Donde haya ofensa, ponga perdón;
Donde haya discordia, ponga unión;
Donde haya error, ponga verdad;
Donde haya duda, ponga fe;
Donde haya desesperación, ponga esperanza;
Donde haya tinieblas, ponga luz;
Donde haya tristeza, ponga alegría;
Porque es dando como recibimos;
Muriendo, como resucitamos.

SAN FRANCISCO DE ASÍS

Detrás de cada una de estas propuestas prevalece un espíritu de entrega que convierte al amor en acciones definidas, que lo saca de la torre de marfil de los conceptos y lo convierte en el intermediario transformador de nuestra realidad.

Ninguna venganza o violencia podrá desvanecer el odio o dejar atrás las ofensas; sólo el amor y el perdón nos darán la libertad para detener el desgaste, sanar las heridas y continuar creciendo.

La discordia y los errores del pasado o del presente no podrán subsanarse si no es a través de fomentar la unión y reconocer la verdad. Necesitamos interiorizar a las personas, como hemos explicado, sobre todo cuando la convivencia deja de ser posible, y reconocer con humildad las limitaciones que todos tenemos.

La fortaleza de nuestro espíritu puede abrir nuevas alternativas para que a través de la fe, la claridad de nuestros valores y la luminosidad de nuestro corazón salgamos del pantano de dudas y tinieblas que nublan nuestras esperanzas.

La tristeza que hoy parece penetrar todos los ambientes y todas las edades sólo se desvanecerá de nuestra alma por medio de la genuina alegría que nos da amar, creando para nosotros una vida plena de sentido.

En la medida en que somos generosos para dar, la vida misma nos retribuirá con abundancia, y sólo cuando estemos dispuestos a dejar morir nuestro malsano egoísmo podremos disfrutar de una vida renovada y plena.

Sin amor no habría espacio para la convivencia entre las personas. Debemos recordar que el amor es mucho más que una palabra poética. Representa nuestra capacidad de vivir en armonía con los demás y constituye el acicate de la autotrascendencia para salir de nosotros mismos y servir.

Todos reconocemos cuán importante y vital es servirnos unos a otros; parece, sin embargo, que no somos concientes de que sólo el espíritu del amor nos lleva a la realización del servicio, que es la vocación común que todos compartimos.

Por desgracia, hemos limitado la idea del amor al romanticismo de la pareja sin comprender que ninguno de nuestros ambientes sería vivible ante la ausencia de este valor universal.

Nos ha resultado más fácil escribir poesía que afianzar el sentido del amor en aquellas conductas que demuestran nuestra capacidad de amar.

- **Amabilidad.** Ser afables, es decir, ser accesibles, sencillos y tener aquella actitud de disponibilidad que responde con gusto ante el acercamiento del otro, demuestra la autenticidad de esta conducta y nos da una actitud permanente y libremente asumida de servir con alegría, cortesía y calidad humana.

- **Ayuda.** Considerando que las relaciones humanas son el principio y el fin de nuestros actos de servicio, sin una conducta que muestre ayuda genuina al otro (no para buscar compensación o bienestar personal, sino por el hecho de que alguien nos necesita), no podríamos hablar del amor como realidad en nuestra vida.
- **Compasión.** Una palabra que tantas veces descalificamos al confundirla con lástima y no comprender su profundo sentido. La compasión significa apasionarnos con el otro, interesarnos por el otro, abrir nuestro corazón y ser empáticos, para reconocer hábilmente qué es lo que el otro necesita. La solidaridad surge de nuestra capacidad de acompañar compasivamente.
- **Gratitud.** Ser agradecidos no sólo habla de nuestra calidad humana y de sentido de realidad, ya que siempre hay a quien agradecer por nuestros propios logros. La gratitud también reconforta a quien recibe nuestro agradecimiento y crea caminos para andar los valles que nos mantienen distantes. La gratitud fomenta el crecimiento personal, el nuestro y el de quien recibe nuestro estímulo, y por ello se convierte en un instrumento importante para la motivación.
- **Afecto.** A pesar de que esta actitud es indispensable para cualquier tipo de contacto humano, parece que el temor nos hace cada vez más incapaces de relacionarnos. El afecto lo mostramos con palabras, gestos y con la cercanía que nos da el acto de tocarnos. No debemos perder nunca la capacidad de tocar al otro, tanto en la intimidad con una pareja, como en el abrazo entre ami-

gos, el apretón de manos entre colegas o la palmada en el hombro que nos aproxima, incluso, con el más extraño. El afecto permite el fluir en toda relación, crea alegría en nuestras vidas y nos permite crecer.

Detrás de cada una de estas conductas y actitudes prevalece el espíritu de servicio, el medio que nos ayuda a transformar nuestro corazón en un corazón generoso y a hacer del amor una realidad en nuestro diario vivir.

Después de todo, lo que hace posible la felicidad verdadera no es la seguridad, el placer o la compañía que nos proporciona el otro, sino el hecho de que al abrirnos a los demás somos capaces de desprendernos de nosotros mismos, de amar con autenticidad.

En el *Simposium* de Platón, Sócrates pide a la pitonisa Diotima que hable de la naturaleza del elemento divino, personificado como el amor. Ella le contesta: «El amor es intérprete entre los dioses y los hombres; comunica y conduce a los dioses las oraciones y los sacrificios de los hombres y a los hombres, las leyes y respuestas de los dioses. El amor es el mediador que transcurre en el abismo que los separa y, por tanto, en él todas las cosas están unidas y a través de él, el arte de los profetas y los sacerdotes, sus sacrificios, misterios, encantos y toda profecía encuentra su camino».

Nuestra unión con Dios se da a través del amor. Ése es el medio por el cual Dios se comunica con nosotros, estemos despiertos o dormidos. Nadie, nunca, ha visto a Dios. Él se manifiesta y nos responde a través del amor que nos brindan nuestros semejantes. Por ello, amar es una gran responsabilidad, es la forma en que servimos como instrumento de Dios para los demás.

Con esta sabiduría hablaba Teresa de Jesús: «Cristo ya no tiene cuerpo aquí en la tierra sino el tuyo, no tiene manos sino las tuyas, no tiene pies sino los tuyos. Tuyos son los ojos a través de los cuales la compasión de Cristo mira al mundo; tuyos son los pies con los cuales Él camina haciendo el bien; tuyas son las manos con las que Él bendice a los hombres y mujeres de hoy».

ESPERANZA

La esperanza es el sueño de un hombre despierto.

ARISTÓTELES

Como en el antiguo mito de Pandora, la esperanza es lo único que queda cuando nos parece que el mundo entero se derrumba. Verdad y no mito, ya que sólo la esperanza, desde nuestro espíritu, nos acompaña al navegar por las tormentas de lo adverso y del dolor. Es la esperanza, que desde nuestra realidad presente y personal nos ayuda y favorece la búsqueda de sentido y el poder de transformar el dolor en crecimiento, la adversidad en oportunidad.

La esperanza es un valor decisivo para recobrar la alegría, para retomar el camino, para atrevernos a adentrarnos en territorios inhóspitos y desconocidos.

La esperanza es, ante todo, como apuntaba Erich Fromm, la fortaleza que siempre nos dispone a encontrar significado y plenitud, a saber estar presentes en el aquí y el ahora, a liberarnos del aburrimiento y la apatía.

Lejos de ser un valor que conduzca a la pasividad, a la espera de dioses mágicos en carros de fuego que nos liberen, la esperanza nos impulsa a la acción, al trabajo entusiasta, a la creación del futuro que en realidad deseamos tener. Como bien afirma Bernabé Tierno: «Esperar es pasar a la acción con entusiasmo y no tumbarse al lado del camino confiando en que otros solucionen los problemas».

La esperanza nunca nos ciega, más bien nos ilumina respecto a la vida y nos permite comprenderla mejor: es percibir la vida donde otros sólo perciben muerte. La esperanza tiene la capacidad de darnos seguridad y de descubrir posibilidades donde otros parecen sentir que todos los caminos se han cerrado.

Si bien cuando el dolor y la adversidad llaman a nuestra puerta sentimos la imposibilidad de pensar esperanzadamente, sólo cuando vislumbramos las posibilidades de la alegría y la felicidad, a pesar del dolor, la auténtica esperanza florece en nuestro interior.

¿Cómo reconciliar un horizonte de alegría con el dolor? Tendremos que asumir las tormentas como resultado natural de nuestras fragilidades y dejar atrás el deteriorado modelo de un Dios furibundo y justiciero que castiga implacablemente nuestros errores, haciéndonos llegar incontables desgracias que producen profundo dolor y que nos muestran, por añadidura, la predilección de su amor. «Cuanto más te quiero, más te pego».

Una profunda espiritualidad nos da la comprensión del dolor, no como castigo o prueba, sino como vía de aprendizaje que Dios permite como consecuencia del irresponsable manejo que los seres humanos hacemos de la libertad con la que hemos sido creados.

En las guerras y en nuestras desgracias muy personales solemos preguntarnos dónde está Dios. Tal vez tendríamos que cuestionar más bien dónde está nuestra propia humanidad. ¿Qué estamos haciendo para recobrar el camino de la fraternidad y salir del odio, la venganza y la violencia? Sólo planteándonos estas preguntas y respondiéndolas de una manera honesta llegaremos a una comprensión, aun en medio de la tempestad, que nos ayude a vislumbrar oportunidades para crecer y nos lleve a alumbrar la esperanza que nos impulsa a una nueva realidad.

En una sociedad como la nuestra en la que parece imperar la desesperación, tendremos que detenernos y cuestionar: ¿Dónde podemos encontrar la esperanza para vivir con sentido? ¿Qué horizonte podrá iluminar nuestro andar? ¿Cómo intuir la esperanza de la resurrección, inmersos en un viernes doloroso? Nuestra primera tarea es despertar y darnos cuenta de que la esperanza no se puede cimentar en ídolos de barro como el consumismo, la tecnología, el cientificismo, espejismos del progreso material que con el tiempo cambian y se desvanecen.

Al parecer nos hemos quedado sin orientación, sin metas, sin horizonte personal, y nos hemos convertido en espectadores pasivos que participamos únicamente en aquello que nos proporciona un placer inmediato, sin esperar nada del futuro. Ante la filosofía de «viaje ahora y pague después», nos hemos ido endeudando sin pensar en las consecuencias y en la inevitable confrontación del estado de cuentas que tendremos que pagar. Al ser observadores, dejamos de participar en un mundo que a gritos expresa la necesidad de nuestra participación comprometida.

La desesperanza trae como síntomas la pérdida de objetivos y convicciones, el desvanecimiento de puntos de referencia que indiquen caminos a seguir, la superficialidad que relativiza los valores, la búsqueda del placer por el placer. El sentido del mañana se ha perdido y con ello hemos caído en la certeza de que la vida no vale la pena ser vivida. El resultado es una sociedad desesperada que busca, con afán compulsivo, seguridad en el bienestar material.

Perder la esperanza desdibuja todas las sonrisas de nuestro rostro, todas las alegrías de nuestra experiencia y todo el calor de nuestro corazón. Nada parece ya suficientemente bueno; hemos perdido la capacidad de saborear la vida y somos cautivos del mal humor, la tristeza y el vacío.

La esperanza se demuestra cuando enfrentamos las tormentas que podrían causar desesperación. Ella es la que siempre, a pesar de todo, mantiene la mirada hacia delante y despierta la fortaleza para luchar y dar significado a la vida.

La esperanza debe ser una actitud permanente que no es ingenua ante los problemas, que no se basa en cálculos ni en sueños color de rosa, sino en la capacidad de ver más allá del momento. Se pueden derrumbar nuestras expectativas, desaparecer nuestras seguridades, pero la esperanza siempre estará preparada para impulsarnos a volver a empezar y, aunque el exterior parezca perderse, lo interior se estará renovando.

Dios no es el mago que nos abstrae de nuestra propia historia, es más bien el Dios de la esperanza, y en Él confiamos, puesto que su mirada ve más allá de nuestro propio horizonte y abre ante nosotros puertas que nadie podrá cerrar. Tener esperanza es lo que nos da perspectiva del pasado para, con una visión del futuro, actuar en el presente.

La esperanza es paciente y no pasiva, por ello conlleva entereza, perseverancia y capacidad para confrontar la adversidad. Nos ayuda a discernir, a examinar la verdad detrás de las apariencias para desechar las falsas ilusiones y luchar por las metas auténticas. Proyecta luz sobre nuestra realidad, ilumina la vida y nos permite comprenderla mejor.

La pasividad, la omisión, la pereza, la apatía, la vida que parece inerte siempre son el resultado de la desesperación, puesto que la esperanza despierta en nosotros creatividad e impulsa a nuestro corazón a luchar por lo que se espera, convirtiendo su visión en un proyecto de acción y compromiso.

La tarea de la esperanza es abrir horizontes para encontrar sentido y renovar los objetivos; la vida es mucho más que lo que a veces percibimos de ella. La realidad es más compleja y profunda de lo que queremos creer; las fronteras de lo posible son mucho más amplias de lo que imaginamos, ya que lo posible nunca está determinado por los límites del presente.

La esperanza requiere cultivar nuestro optimismo, reconocer que somos mucho más que nuestras circunstancias, cultivar una mirada que nos permita vislumbrar el potencial de lo que parece inerte. Por eso, la esperanza exige esfuerzo y atención del alma.

Por otra parte, acercarnos al que ha caído y se siente desesperado para procurar infundirle visión y un horizonte de posibilidades, para acogerlo y aliviarlo un poco en su soledad, hará emerger la esperanza en nuestra propia vida, puesto que ella también depende de nuestra capacidad de compromiso. Bien decía Pablo VI: «Afortunados aquellos que sepan dar a las generaciones venideras razones para vivir y razones para esperar».

Tal vez la esperanza, como la fe, parezcan simples palabras, pero abarcan una faceta esencial de la resiliencia. No es casualidad que la esperanza ha sido vista, como en el mito de Pandora, como el bálsamo psicoemocional del cual la resiliencia depende.

Hemos de recordar que la esperanza no es una vía de escape, sino el empeño que descubre un potencial valioso, pero escondido a una mirada superficial y pesimista del valor humano. Vivimos de verdad en la medida en que nos abrimos a ella.

Para muchos, aprender a superar nuestro dolor parece algo muy difícil de lograr, y vivir con esperanza en medio de la adversidad, una utopía, pero esto se debe a que vivimos en una cultura superficial que se empeña en negar el sentido profundo más allá de las apariencias.

La espiritualidad de la esperanza nos da visión trascendente y nos abre espacios de alegría que nos permiten dar un sí a la vida y continuar navegando a pesar de la tempestad.

FE

Si tienes fe, hallarás que el camino de la virtud
y de la felicidad es muy corto.

QUINTILIANO

Hemos mencionado cuán importante es para nuestro presente y para nuestra estabilidad psicológica tener una visión de futuro. Cuando ésta no existe, cerramos la puerta a toda posibilidad y quedamos atrapados en la experiencia dolorosa del pasado o la triste apatía del presente.

Pero, si más allá de toda investigación, hay algo que prevalece a lo largo de toda nuestra historia, algo en que confiar para navegar por las tormentas, pocos lo expresaron mejor que el emperador de Roma:

«Al sentir el soplo de Dios que nos impulsa,
tenemos mayor fuerza para maniobrar las velas
y navegar seguros.»

MARCO AURELIO

Cuando nos preguntamos, ¿cómo puedo llegar a tener fe? La respuesta está en nuestra determinación de buscar y crear una relación cercana y genuina con ese Dios que deseamos descubrir. Una relación que se hace íntima a través de la oración y de encontrar en los demás, por el amor, a Dios mismo.

La desesperación más profunda y total sólo llega a vivirse ante la ausencia de la fe. Recuerdo aquella amiga, periodista muy racional, que después de asistir y aprovechar tanto los cursos que imparto, me cuestionó: «¿Por qué hablas de Dios, cuando desde la ciencia fundamentas sólidamente tu exposición? Eso de Dios sólo cabe en las personas ignorantes». Mi única respuesta fue: «Hablo de Dios porque creo en Dios». Varios meses después se trasladó a vivir fuera de la ciudad por un severo problema de salud que padecía su esposo. Dejamos de vernos y al cabo de dos años, estando yo en mi oficina, mi asistente me avisó de que mi buena amiga se encontraba allí y deseaba hablar conmigo. Me complació tanto que la recibí de inmediato. ¡Qué sorprendida me quedé al verla tan decaída, descuidada en su arreglo y físicamente desmejorada! Nos abrazamos y empezó a llorar. Al tranquilizarse le pregunté por su esposo, pues hacía tiempo que no sabía nada de ellos, y aún con lágrimas en los ojos me respondió: «Mi esposo murió. Una noche al llegar a casa, después de haber entregado un artículo al periódico, lo encontré en la sala muerto, ahogado en su propia sangre. Grité desesperada y deseé ser la persona más ignorante para poder mirar al cielo y decirle a alguien: ¡Ayúdame por favor!» Compartimos sus lágrimas y un largo silencio. Entonces le dije: «Más allá de acompañarte y de la entrañable amistad que nos une y con la que cuentas, ¿qué puedo hacer por ti?» Me respondió: «Quiero creer en Dios».

No me resulta fácil imaginar una soledad más vacía, una aridez más inerte que el sentimiento que aquella amiga expresó ante su terrible dolor. Por ello concuerdo con el rabino Nachman de Breslau: «Haz todo lo que puedas para desarrollar tu fe en Dios. La fe es el cimiento de toda búsqueda espiritual, la raíz de toda enseñanza y práctica, el canal para todo beneficio y bendición».

El teólogo protestante Richard Niebuhr nos habla de la fe como algo que empieza a formarse en nuestras más tempranas relaciones con aquellos que nos tienen a su cuidado. «La fe crece a través de nuestras experiencias de confianza y fidelidad, y a través de los sueños y valores compartidos que unen a los grupos humanos... La fe es una preocupación humana universal. Previamente a ser religiosos o no, antes de pensarnos a nosotros mismos como cristianos, judíos, musulmanes, hinduistas o budistas, ya estamos involucrados con compromisos de fe.»

La fe es inagotablemente misteriosa y su vitalidad y crecimiento no excluyen el examen de uno mismo, el cuestionamiento, y mucho menos la apertura para el encuentro con las perspectivas de fe diferentes a la nuestra. Lo opuesto a la fe no es la duda, sino el nihilismo, la incapacidad de imaginar lo trascendente y la desesperanza de posibilidades para encontrar significado.

Nuestra fe nos acompaña desde la convicción de que Dios nunca permite una adversidad en nuestra vida ante la cual nosotros no tengamos la capacidad para dar respuesta, sobreponernos y crecer. No sucumbas ante la aparente soledad y el vacío, porque sin importar dónde y cómo te encuentres, Dios siempre está cerca de ti.

Es posible la alegría y la felicidad a pesar de nuestras grandes tragedias, lo que necesitamos es creer. Y no nos dejemos llevar por aquellos que insisten que hay que ver para creer: la realidad es exactamente lo contrario:

Hay que creer para poder ver

Desde la antigüedad no ha sido posible definir la fe con un único término. En el Nuevo Testamento se habla de *pisteuein*, que significa creer, pero también en el Antiguo Testamento se habla de *aman*, que significa ser firme y, en su forma activa, *he'emin*, que significa confiar. La fe conlleva fortaleza, confianza, seguridad y respeto ante lo que Dios permite, y se refiere fundamentalmente a una relación viva entre la persona y su Creador.

Lo más relevante de la fe para la resiliencia es la genuina y verdadera confianza que representa. La fe, además de ser una decisión, es un proyecto que nos abre a la vida. En ella, por la relación íntima que implica con Dios, descubrimos cómo incluir de forma total y definitiva a los demás, al mundo y a todo lo que conforma nuestra realidad.

La fe nos da la capacidad de interiorizar el amor de nuestro pasado, de actualizar y promover nuestro presente y de mirar hacia el futuro como proyecto de plenitud.

La fe nos da la capacidad de aceptar las provocaciones del mundo, nos ayuda a enfrentarnos a él y a las nuevas realidades que se nos presentan. Es la aceptación de nuestros límites en la seguridad del Dios que nos ama.

La fe da estructura a nuestra existencia y se traduce en acciones eficaces que nos llevan a la realización, ya que ante el dolor y las pérdidas enfrentamos un misterio semejante al de Job*, que nuestra razón no alcanza a comprender. Pero es el dolor el que nos llama la atención sobre los espacios de nuestra vida a los que normalmente no haríamos caso y a los que sólo se les puede vivir y superar por la fe.

La fe es el único abrigo que tenemos cuando nuestra desnudez confronta los vientos helados del desasosiego, la indi-

---

*Personaje bíblico que, a pesar de haber sufrido una gran cantidad de pérdidas e infortunios, nunca perdió su fe en Dios.

ferencia y la ingratitud. Es el único puente tendido para cruzar los abismos del abuso, el dolor y tantos otros precipicios desprovistos de solidaridad y cariño.

La fe nos ayuda a formar un espacio de vida confiable que nos sostiene cuando las relaciones o las estructuras en las que habíamos depositado nuestra confianza se colapsan, cuando aquello que habíamos creído que era la más sólida de nuestras realidades resulta no serlo.

Nadie puede ser tan pretencioso como para definir qué significa el sentido de vida para ti, pero una de las condiciones necesarias para que el sentido exista es el compromiso con algo superior a nosotros mismos. Cuanto más grande sea la entidad con la que te comprometas, mayor significado podrás descubrir.

La auténtica felicidad proviene de Dios. Él es el único capaz de llenar todos los espacios y, sobre todo, la soledad última e íntima del ser humano. Cuando los demás nos dejan solos o nos tratan injustamente, cuando lloramos, Dios es la única realidad que está siempre ahí afirmando nuestro ser, sosteniendo nuestra existencia.

Si la fe es como nos la describe san Pablo —«Creer en lo que no vemos, confiar en lo que esperamos»—, el ser humano que posee fe se enfrenta al éxito y a la catástrofe; a la abundancia y a la carencia; al bienestar y al dolor con serenidad, escudriñando las oportunidades y acercándose a otros con la alegría de la caridad.

EJERCICIO DE REFLEXIÓN
Espiritualidad

Hagamos de nuevo un alto para reflexionar sobre cómo podemos avanzar en nuestro desarrollo y profundizar en nuestra espiritualidad. Te recomiendo que te relajes y con la mayor honestidad posible te contestes las siguientes preguntas. Hacerlo te ayudará a tomar nota de aquellos hábitos que merecen cambiar y de las cosas que te pueden ayudar a crecer.

Oración

¿Qué importancia le he dado a capacitar mi mente para lograr serenarla y meditar?

_____

_____

¿Qué podría hacer para que la práctica de la oración se convierta en un hábito?

_____

_____

_____

¿Qué tiempo estoy dispuesto a asignar a la práctica de la oración? y ¿cuándo? (Sé realista.)

_____

_____

_____

¿Qué tipo de oración es la que más me gusta?

_____

_____

Desprendimiento

¿Qué es lo verdaderamente importante en mi vida?

___

___

___

¿Hasta qué punto estoy apegado a las cosas? ¿Cómo podría ser más desprendido?

___

___

___

¿Podría fortalecer mi voluntad si hiciera más de algo o menos de algo?

___

___

___

Selecciona a qué te encuentras apegado (cigarros, algún tipo de comida, la televisión, etc.) y decide renunciar a ello aunque sea un solo día por semana. Asegúrate que selecciones metas realistas que puedas alcanzar y que fortalezcan tu autodisciplina.

___

___

___

¿Procuro permanecer consciente de que nada es permanente?

_____

_____

_____

¿Qué obsesiones por tener, me tienen a mí?

_____

_____

_____

¿Hasta dónde convierto a las personas en objetos de mi posesión? ¿Qué podría hacer para cambiarlo?

_____

_____

_____

¿Hasta que punto estoy dispuesto a los cambios y a desprenderme?

_____

_____

_____

¿Qué experiencias dolorosas he tenido que con el tiempo me mostraron lo necesario del desprendimiento?

_____

_____

¿De qué cosas o relaciones tendría que desprenderme para recuperar la paz interior?

_____

_____

_____

_____

_____

¿Qué nuevas oportunidades podría tener si me desprendiera de lo que me he aferrado?

_____

_____

_____

_____

_____

Ética

¿Soy capaz, por iniciativa propia, de actuar éticamente sin que se me imponga desde el exterior?

_____

_____

_____

_____

¿Qué significa para mí la ética? ¿Es mi definición aplicable a los fines de toda conducta y a los medios que utilizo para lograr esos fines?

_____

_____

_____

_____

¿Cuáles serían para mí los valores éticos más importantes?

_____

_____

_____

¿De qué manera demuestro con mi vida los valores en que digo creer?

_____

_____

¿En qué medida practico la regla de oro?

_____
_____
_____

¿Actúo éticamente por miedo al castigo o por convicción personal?

_____
_____
_____

¿Hasta qué punto me siento fuerte al enfrentar los problemas sabiendo que soy coherente con mis valores?

_____
_____
_____

¿Hasta dónde me siento quebrantado cuando actúo sin ética?

_____
_____
_____

¿Cuántos actos de bondad me acompañarían si tuviera que morir hoy?

_____
_____

¿Cuáles son mis actos de bondad más frecuentes? ¿Qué actos de bondad podría practicar cotidianamente?

_____

_____

_____

_____

¿Sería capaz de decir la verdad en todo, durante un día entero?

_____

_____

_____

_____

Sabiduría

¿Soy capaz de descubrir fortalezas en medio de mis fracasos?

_____
_____
_____

¿Qué experiencias de vida me han dado sabiduría?

_____
_____
_____

¿He aprendido a distinguir entre el placer momentáneo, que podría traer como consecuencia dolor, y las acciones correctas que me llevarían a un verdadero bienestar?

_____
_____
_____
_____

¿Hasta dónde he aprendido a controlar mi mente o le he permitido nublar mi vida con ansiedad y tristeza?

_____
_____
_____
_____

¿Soy capaz de aceptar otras realidades diferentes a la mía?

___

___

___

¿Soy de corazón humilde o simplemente presumo a través de la falsa modestia?

___

___

___

¿Qué puedo hacer para tener más contacto con la naturaleza?

___

___

___

¿He cultivado amistades sabias con quienes compartir lo profundo?

___

___

Haz una lista de las personas con quienes puedes compartir sabiduría y cómo podrías pasar más tiempo con ellas.

___

___

___

Ante lo que me sucede, ¿procuro ver más hacia mi interior para conocerme o me quedo en las causas superficiales?

_____

¿Hasta dónde y cómo valoro la vida y la agradezco?

_____

_____

_____

¿Me da miedo pensar sobre la muerte? ¿Qué podría hacer para reconciliarme con ella?

_____

_____

_____

¿Acepto con facilidad mis fragilidades? ¿Reconozco que el dolor es parte natural de la experiencia de la vida? ¿Qué podría hacer para superarlo más sabiamente?

_____

_____

_____

¿Qué decisiones he tomado que han tenido consecuencias en la construcción de mi vida?

_____

_____

_____

¿Estoy abierto para aprender? ¿Soy capaz de escuchar con atención al que creo que sabe mucho menos que yo?

_____

_____

_____

¿Puedo reconocer mi participación directa o indirecta, voluntaria o involuntaria en las experiencias que he juzgado como desafortunadas?

_____

_____

_____

¿Qué lectura y qué tiempo puedo darme para saborear un texto, buscar luz más que hechos, transformación más que información?

_____

_____

_____

A Gandhi, en una ocasión se le preguntó cuál era su mensaje para la gente y él respondió: «Mi vida es mi mensaje». Cada una de nuestras vidas es también un mensaje que refleja la filosofía que la sustenta. Esta filosofía incluye nuestras creencias de lo que es la vida, de lo que somos nosotros, de lo que es bueno, de lo que es verdad y de a qué vale la pena dedicar nuestro tiempo. Cuando a Gandhi se le preguntó cuál era su filosofía de vida, lo dijo en tres palabras: «despréndete y alégrate». Descubre tu filosofía de vida y defínela en tres o cuatro palabras.

___
___
___
___
___
___
___

Amor

¿Vivo ensimismado o tiendo a ser solidario con los demás?

_____
_____
_____
_____

¿Es mi preocupación por mi propia persona casi obsesiva?

_____
_____
_____
_____

¿Hasta qué punto soy generoso cuando se requiere de esfuerzo personal?

_____
_____
_____
_____

¿Hasta qué punto estoy comprometido en actividades de servicio? ¿Qué podría hacer para estarlo?

_____
_____
_____

¿Con qué frecuencia siento vacío interior? ¿Qué podría hacer para eliminarlo?

_____
_____
_____
_____

¿Cómo puedo ejercitar el amor?

_____
_____
_____
_____

¿Siembro más discordia que unión, más tristeza que alegría, más ofensas que perdón?

_____
_____
_____
_____

¿Qué normas de amabilidad podría establecer para mi vida?

_____
_____
_____
_____

¿Qué normas de ayuda tendría que ejercer de manera habitual?

_____
_____
_____
_____

¿Cómo podría ser más compasivo con los demás?

_____
_____
_____
_____

¿En qué situación puedo transformar lástima en compasión?

_____
_____
_____
_____

¿De qué manera podría mostrar mi gratitud con mayor frecuencia?

_____
_____
_____
_____

¿Qué demostraciones de afecto puedo cultivar en mi vida diaria?

_____
_____
_____
_____

Mi forma de hablar y de ser, ¿puede mostrar la bondad de Dios a los demás?

_____
_____
_____
_____

¿Qué puedo hacer para que todo el que se acerque a mí se vaya sintiéndose mejor de lo que llegó?

_____
_____
_____
_____

¿Cómo puedo comprender y transformar mi trabajo en servicio?

_____
_____
_____
_____

¿Qué acto generoso puedo practicar anónimamente todos los días?

___
___
___
___
___
___

Esperanza

¿Soy capaz de conservar la esperanza cuando todo parece estar envuelto en la oscuridad?

_____

_____

_____

_____

¿Me atrevo a recorrer territorios desconocidos para descubrir nuevas alternativas?

_____

_____

_____

_____

¿Me he convertido en rehén del aburrimiento y la apatía?

_____

_____

_____

Ante los problemas, ¿me siento a esperar que se resuelvan por arte de magia?

_____

_____

_____

¿Soy entusiasta para trabajar a pesar de las tribulaciones?

_____

_____

_____

Cuando todos los caminos parecen cerrarse, ¿puedo vislumbrar otras alternativas? ¿Qué podría hacer para lograrlo?

_____

_____

_____

Ante mis pérdidas, ¿soy capaz de abrir horizontes nuevos y presentir la alegría?

_____

_____

_____

¿Creo que es Dios quien castiga o es más bien nuestra inconsciencia e irresponsabilidad la que causa daño a nosotros mismos y a los demás?

_____

_____

_____

¿Procuro ahogar mi desesperación a través del espejismo de los bienes materiales?

_____

_____

_____

_____

¿Me estoy «endeudando» por la satisfacción de placeres inmediatos que representarán, como consecuencia, cuentas por pagar?

_____

_____

_____

¿Siento que he perdido mis objetivos y mis convicciones? ¿Qué puedo hacer para recuperarlos?

_____

_____

_____

_____

¿Me dominan el mal humor, la tristeza y el vacío? ¿Qué puedo hacer para recobrar la alegría y el entusiasmo?

_____

_____

_____

_____

¿Creo que la esperanza es de ilusos o que requiere de mi participación y esfuerzo?

_____

_____

_____

¿Procuro dar esperanza a los demás o soy el visitante que les despoja de la poca que les pueda quedar? ¿Qué puedo hacer para cambiar?

_____

_____

_____

_____

¿En cuántas ocasiones del pasado pensé que no podría salir adelante, y salí?

_____

_____

_____

_____

¿Qué áreas de mi vida podría iluminar la esperanza?

_____

_____

_____

_____

¿A quién podría animar para que se sintiera mejor?
_____
_____
_____
_____
_____

Fe

¿Cuál es mi visión de futuro?

_____
_____
_____

¿Qué ideas o creencias tengo respecto a Dios?

_____
_____
_____

¿Qué puedo hacer para incrementar mi fe?

_____
_____
_____

¿Pienso que creer en Dios es cosa de ignorantes?

_____
_____

¿De qué manera las relaciones importantes de mi vida dependen de un compromiso de fe en el otro?

_____
_____
_____

¿Soy de los que piensan que hay que ver para creer? ¿Podría intentar creer para ver?

_____
_____
_____
_____

¿Ha creado la fe en mi vida un espacio confiable, cuando lo que me rodea se derrumba? ¿Qué puedo hacer para crear ese espacio?

_____
_____
_____
_____

¿Estoy comprometido con algo superior a mí mismo?

_____
_____
_____
_____

¿Puedo creer en lo que no veo, confiar en lo que espero?

_____
_____
_____
_____

Conclusiones

La felicidad es posible

*La felicidad no es una posada al final del camino,
es una manera de caminar por la vida.*

Amado Nervo

Siempre vemos la felicidad como algo en la distancia o bien como algo que en realidad no está destinado a nosotros. Hemos creado una visión del mundo como un sitio áspero y abrupto que sólo puede ofrecer desdicha y que está destinado a perecer por sus propios males.

Algunos de nosotros consideramos que la felicidad llegará cuando finalmente obtengamos lo que deseamos. Seré feliz cuando termine la escuela... tenga más dinero... me case... recupere la salud... tenga hijos... tenga mi propia casa... logre cambiar el coche... mi negocio sea el más exitoso... mis nietos vengan a verme... reciba el reconocimiento que merezco... mi pareja cambie... alguien me quiera... cuando logre hacer... cuando llegue a ser...

Otros pensamos que la felicidad dejó de ser posible hace mucho tiempo. La perdimos por... haber nacido donde nací... tener los padres que me tocaron... el abuelo que abusó... no haber podido estudiar... haber perdido la salud... la mala relación de pareja que he tenido... las carencias económicas... mis hijos desagradecidos y vagos... nunca haber tenido algo propio... haber fracasado en el trabajo... los que se murieron antes de tiempo... los que me engañaron... el terrible divorcio que viví... por nunca haber hecho... por nunca haber sido...

La realidad de nuestra felicidad en el presente nunca estará determinada por los acontecimientos del pasado, ni será satisfecha de forma permanente en el futuro al alcanzar algo que hemos anhelado y que al poco tiempo sólo generará nuevos deseos.

En la actualidad, y a raíz del giro en el enfoque que la psicología ha dado, se estudia más que nunca qué es en realidad lo que nos hace felices. Las características que hemos mencionado sobresalen como prioritarias para dar una respuesta. A la vez, tres elementos parecen influir para llegar a sentirnos abiertos a la felicidad y con la capacidad de vivirla.

En una sociedad que gusta de datos duros y manejables de forma objetiva, resulta obvio que se considere la **carga genética** como un factor de influencia. Si observamos detenidamente, nos daremos cuenta de que hay familias en las que parece que prevalecen estados de ánimo muy semejantes en todos sus miembros a pesar de que cada uno de ellos, como individuos, vivan en circunstancias diferentes. Lo que siempre debemos recordar es que nuestros genes nos hablan de potencial y nunca de destino. Así es cómo entre hermanos gemelos, hijos de padres diabéticos, uno puede llegar a desarrollar la enfermedad y el otro nunca padecerla.

El segundo elemento a considerar ha sido contemplado tradicionalmente por las ciencias sociales: **las condiciones y el ambiente en el que crecemos y somos educados**. A pesar de que los factores de riesgo que se mencionaron en el capítulo dos pueden constituir, ante cualquier observador inteligente, un obstáculo para llegar a ser capaces de vivir con sentimientos de felicidad y satisfacción, la investigación sobre las fortalezas humanas y la resiliencia ha constatado que los ambientes de nuestro pasado tampoco pueden ser considerados como determinantes de nuestra condición anímica en el presente.

El tercero, y considerado como el de mayor influencia, se refiere a **las labores, tareas y pasatiempos que nosotros mismos decidimos llevar a cabo**. Éstas incluyen no sólo aquellas actividades que consideramos aficiones, sino también el compromiso laboral que constituye nuestro sustento económico. Esta tercera variable de nuestra felicidad está determinada por nosotros mismos y aun en aquellos casos en que nos sintamos presionados, bien por necesidad económica o por realizar una tarea que no es enteramente satisfactoria, somos nosotros los que habremos de determinar la actitud con la que hagamos frente a esa situación.

En este tercer elemento de influencia suele darse el sentimiento de fluir que el doctor Mihalyi Csikszentmihalyi ha investigado ampliamente. Un sentimiento que se caracteriza por:

- Sentir emoción ante un reto que mantiene nuestra atención por completo.
- Una sensación de expansión personal al descubrir y desarrollar las habilidades que ese reto nos exige.
- Sentimientos de satisfacción ante cada uno de nuestros logros, que nos provee de información y retroalimenta respecto a los progresos que realizamos.

Resulta obvio que todo aquello en que pongamos nuestra voluntad y ante lo cual tengamos una buena actitud se constituirá en un área de satisfacción que generará en nosotros entusiasmo y felicidad.

Más allá de los tres elementos ya mencionados, sabemos que el manejo del estrés a través de la relajación es un recurso imprescindible para el ritmo de vida que hoy llevamos y, en especial, para la resiliencia, ya que conforma uno de los factores constitutivos de la misma.

Junto con el **fluir** y el **manejo del estrés**, como mencionamos en el capítulo tres, son también factores constitutivos de la resiliencia: el **control interno**, que canaliza el manejo inteligente de nuestras emociones; **la coherencia**, que se da al ser congruentes en el exterior con los valores de nuestro interior, y **la esperanza**, que nos permite permanecer abiertos al futuro.

Esto último se logra al desarrollar y fortalecer las características que hemos mencionado detenidamente y los valores que constituyen una genuina y sana espiritualidad. Todos ellos indispensables para descubrir una felicidad que no depende del pasado ni es tarea pendiente para el futuro y que debe aprenderse a vivir aquí y ahora.

No podemos negar que para aquellos que viven en el margen de la subsistencia una mejor economía significaría un ingrediente que, al darles un respiro, los ayudaría a generar un sentimiento de felicidad y satisfacción. De ahí la urgente tarea de solidaridad que se requiere para colaborar en la construcción de un mundo más feliz.

Sin embargo, por todo lo que hemos compartido y la investigación que lo avala, podemos deducir que la felicidad no es algo que debamos buscar fuera de nosotros. Su realidad puede vivirse solamente en nuestro interior.

Por otra parte, y reconociendo que la felicidad no es un destino al final de la vida, sino una manera de vivir, tener metas constituye un elemento importante. Pero recordemos que lo que más nos entusiasma y genera alegría es el esfuerzo por alcanzar el objetivo, pues una vez logrado nos marca el inicio de una nueva búsqueda. Por ello la felicidad se da en el camino y no en el destino. Shakespeare sostenía que: «Las cosas alcanzadas están hechas; la alegría del alma está en hacerlas».

Es muy importante también reconocer que en la actualidad dedicamos gran parte de nuestro tiempo y esfuerzo a lograr metas que no son en verdad significativas y que nos llevan a descuidar las cosas importantes, como son nuestras relaciones afectivas, nuestro crecimiento interior y nuestro desarrollo espiritual, que podrían darnos una felicidad más duradera.

Mucha de nuestra alegría se pierde por nuestro afán obsesivo de controlar, sin distinguir lo que está en nuestras manos y lo que no lo está. Si aplicáramos la sabiduría de reconocer la diferencia, no perderíamos nuestra felicidad con tanta facilidad.

Si la felicidad en realidad no depende de factores externos, ¿por qué nos hemos convencido de que no es posible vivirla? Tal vez esto se deba al enfoque de nuestra atención. Como refiere el doctor Martín Seligman, tan sólo en el área de la psicología: «Por cada cien artículos especializados sobre la tristeza, sólo se publica uno sobre la felicidad». Seligman también apunta que pretender obtener felicidad a través de cosas ajenas a la interioridad de nuestro carácter provocará a corto plazo una simple euforia pasajera y a largo plazo, tristeza y desolación. La genuina felicidad no se logra con recetas rápidas, sino con los sentimientos agradables que se derivan de la práctica de nuestras virtudes y de nuestra fortaleza interior.

De cada uno de nosotros depende el manejo de nuestras adversidades, la forma en que decidamos caminar por la vida.

Siempre podremos elegir entre ser víctimas de las experiencias del pasado, decir que nos determinan para siempre, o convertirnos en el héroe que hace frente al desafío, que escribe sus propias memorias y decide dónde acaba un capítulo y comienza otro, siempre firme en la determinación de no caer en la desesperanza, recordando, como apuntaba Miguel de Unamuno que: «Aun estando en las más sombrías aflicciones, de las nubes negras cae agua limpia y fecundante que siempre renueva la tierra».

La resiliencia nos da la posibilidad de transformar la adversidad en oportunidad, el dolor en aprendizaje y, a la vez, favorece el marco ético que nuestra espiritualidad precisa para descubrir el sentido de vida que está más allá de todo dolor.

Para ser resilientes y conquistar el derecho a nuestra felicidad, necesitamos desarrollar o reencontrarnos con:

- Una fe firme
- Una esperanza optimista
- Un amor incondicional y generoso

Sin lugar a dudas, apoyarnos en nuestra fe desde una experiencia real y profunda de Dios y cultivar la esperanza desde nuestra forma de pensar nos deja con la gran tarea y compromiso del amor.

La investigación sobre la resiliencia nos afirma que el desarrollo de las características que hemos mencionado, y en particular el cultivo de la espiritualidad, deben convertirse en el centro de atención desde el cual toda persona pueda redescubrir su fortaleza y acrecentar su potencial.

Los seres humanos necesitamos una vida entretejida por la fortaleza de la virtud. Solíamos tener esa seguridad y, cuando enfrentábamos el fracaso, podíamos detenernos y descansar, cobijados por la mullida y calentita manta de nuestra espiritualidad, para así revivir el sentido de quienes éramos.

Lamentablemente, un creciente egocentrismo y una carencia de interés por los demás nos ha hecho cada vez más vulnerables a la ansiedad y a la tristeza. Tal vez la epidemia de angustia y depresión que parece que se extiende entre nosotros se deba a la coincidencia en nuestra sociedad de estos dos factores.

Es también muy probable que una segunda causa para el estado de las cosas en que hoy nos encontramos, y por la cual hemos perdido nuestros horizontes de felicidad, sea el derrumbamiento de nuestra esperanza y el desvanecimiento de nuestra fe, que nos han dejado sin sentido y carentes de propósito.

Cuanto menor sea el esfuerzo que hagamos por tomarnos en serio la relación con Dios, por comprometernos con la comunidad y ser responsables con nuestro entorno familiar, laboral y social, menos fácil nos resultará encontrar significado en la vida.

Ciertamente, vivir ensimismados aniquila nuestra felicidad y nos impide encontrar un auténtico sentido para vivir. Nuestra verdadera fortaleza y nuestra habilidad para ser felices está en la firmeza de nuestra fe en Dios, en nuestro compromiso con y para el mundo y en el optimismo de nuestro corazón.

A pesar de que las más auténticas y sanas defensas del yo aún nos resultan bastante desconocidas, lo que sí sabemos es que el ser humano nunca está indefenso y que siempre puede crecer.

Así como se ha demostrado que la depresión en la enorme mayoría de los casos es consecuencia de una perspectiva pesimista respecto al fracaso y la pérdida, lo más importante para nosotros es considerar que la carencia de felicidad surge de nuestra manera de pensar y, más importante aún, de comprender que podemos cambiar nuestra forma de pensar.

Sabemos que ser optimistas es una característica que nos ayuda a retomar el camino y alcanzar las metas que nos hemos propuesto, pero tal vez sea más importante la elección de las metas en sí mismas, puesto que ellas pueden contener sentido o ser completamente vacías.

Cuando nuestro optimismo, apoyado en la fortaleza de nuestro espíritu, nos haga renovar un genuino compromiso con el mundo en que vivimos, es probable que la epidemia de la depresión y el vacío llegue a su fin.

Saber crecer es el resultado de aceptar el pasado y asumir responsabilidad por la forma en que lo vivimos en nuestro presente. La resiliencia nos permite contemplarnos como una obra en proceso, por lo cual nuestras fragilidades, imperfecciones y todo el dolor vivido no menoscaban nuestra fortaleza ni nos impiden la felicidad.

Cuando aceptemos nuestra humanidad con agradecimiento y nuestra vulnerabilidad con humildad, veremos con claridad el ayer, tendremos visión para el mañana y viviremos con plenitud el hoy.

Aceptar nuestra vida como ha sido y aceptarnos a nosotros mismos como somos nos permite poner nuestra historia en una perspectiva amorosa para saber de verdad qué es lo que realmente nos importa y para hacer el esfuerzo que la felicidad requiere. El pasado de nuestra vida se convierte en un relato significativo y pleno de amor cuando lo aceptamos y liberamos, para que sea como fue y no como nosotros necesitábamos o hubiéramos querido que fuera.

Todo lo que tenemos de la vida que hemos vivido son los recuerdos que llevamos. Cada uno de nosotros editamos esas memorias y les damos un contexto. Si nuestro contexto está dentro de un esquema de sufrimiento, nuestros recuerdos serán selectivos para justificar el contexto que les hemos dado. Si editamos dentro de un esquema resiliente, lo serán a la luz del perdón y obtendremos la libertad que nos permite de nuevo amar y ser felices.

Necesitamos poner nuestra vida en la balanza del equilibrio, lo bueno con lo malo, fortalezas con debilidades, dolor con alegría. Editar nuestro pasado con la satisfacción de reasignarle sentido ennoblece y protege nuestro presente, le da valor y concede sentido a la vida y, al hacerlo, salvaguarda nuestro futuro.

Podremos contemplar el amor no correspondido como una bendición que nos protegió de una mayor desilusión y podremos recordar a las personas ausentes como apoyos para el amor o como oportunidades que nos ayudaron a descubrir nuestra fortaleza y despertaron nuestra resiliencia. La paz interior viene como resultado de aceptarnos como somos y de aceptar nuestras experiencias como han sido.

La vida es un continuo proceso de reconciliar el ayer con el hoy. El objetivo es que podamos conversar tan abiertamente como nos sea posible con nuestra propia historia, para ser capaces de disfrutar del momento presente sin resentimiento por la intrusión del pasado y sin temor por la incertidumbre del futuro.

Necesitamos ser libres para soñar, para crear y vivir un mundo mejor. La felicidad necesita que nuestra vida sea abierta y natural, sencilla y sin pretensiones, pero, sobre todo, nuestra y no atrapada en la melancolía del pasado o en la apatía del presente.

¿Podremos superar y crecer a pesar de los grandes obstáculos, a través de nuestra extraordinaria fortaleza, aquella que podemos descubrir en la encrucijada de la adversidad?

Defender el dolor resultaría absurdo. Es nuestra obligación, por humanidad, colaborar para que llegue el día en que desaparezca de nuestras vidas. Pero lo que no podemos negar es que el dolor puede despertar la fortaleza y la virtud dormidas en nuestro interior y darnos fuerza y determinación para luchar por nuestra felicidad.

Si ante cualquier tribulación presente o ante la intrusión de nuestra nostalgia, recordamos que en esta vida todo es pasajero y nosotros mismos tan sólo estamos de paso, traeremos a nuestra memoria la sabiduría de los nómadas en la estepa de Mongolia:

«No siempre se puede disfrutar de la serenidad y la paz. Pero la adversidad y el dolor no tienen la última palabra. A pesar de que el pasto haya sido quemado por el fuego de la estepa, éste, con toda certeza, crecerá de nuevo y más fuerte que antes.»

Lecturas recomendadas y Bibliografía

Acevedo, G., y Battafarano, M., *Desde Víctor Frankl: Hacia un enfoque transdisciplinario del enfermar humano*, Ediciones Fundación Argentina de Logoterapia Víctor E. Frankl, 2003.

Albani, A., y Astrua, M., *San Juan de la Cruz: Introducción a su doctrina espiritual*, CEVHAC, México, 1992.

Beck, A., *Cognitive Therapy*, A Meridian Book, Nueva York 1979.

Beck, J., *Terapia cognitiva*, Gedisa, Barcelona, 2000.

Branden, Nathaniel, *La psicología de la autoestima*, Paidós, Barcelona, 2001.

Brooks, R., y Goldstein, S., *El poder de la resiliencia: Cómo lograr el equilibrio, la seguridad y la fuerza interior necesarios para vivir en paz*, Paidós, Barcelona, 2004.

Calle, R., y Morilla, B., *Enseñanzas eternas para tiempos difíciles*, Oberon, Madrid, 2001.

Casarjian, Robin, *Perdonar: Una decisión valiente que nos traerá la paz interior*, Urano, Barcelona, 1992.

Corneau, Guy, *Las enseñanzas del corazón*, Alamah, México, 2002.

Csikszentmihalyi, M., *Fluir: Una psicología de la felicidad*, Kairós, Barcelona, 1997.

Cyrulnik, B., *Los patitos feos*, Gedisa, Barcelona, 2002.

Checa, R., *Orar es amar*, Editorial Progreso, S.A., México, 1985.

Dossey, N.; Cousins, E.; Kübler-Ross E., y otros, *La nueva salud*, edición a cargo de R. Carlson y B. Shield, Kairós, Barcelona, 1990.

Epicteto, Marco Aurelio, *Epicteto: Manual y Máximas – Marco Aurelio: Soliloquios*, Editorial Porrúa, colección Sepan Cuantos, México, 1975.

Mc Ginn, B., *The mystical thought of Meister Eckhart*, A Herder and Herder Book, Nueva York, 2001.

Fabry, J., *Señales del camino hacia el sentido*, Ediciones LAG, México, 2001.

Frankl, V., y Lapide, P., *Búsqueda de Dios y sentido de vida*, Herder, Barcelona, 2005.

Frankl, V., *El hombre en busca de sentido*, Herder, Barcelona, 1999.

—, *La presencia ignorada de Dios*, Herder, Barcelona, 1991.

Gardner, H., *Multiple intelligences*, Basic Books, Nueva York, 1993.

Gillham, J., *The science of optimism & hope: Research essays in honor of Martin E. P. Seligman*, Templeton Foundation Press, Pennsylvania, 2000.

Goldberg, E., *The Wisdom Paradox: How your mind can grow stronger as your brain grows older*, Gotham Books, Nueva York, 2005.

Herráiz, M., *Introducción al castillo interior*, Monte Carmelo, Burgos, 2001.

Kidder, R., *Cómo las personas buenas toman decisiones difíciles*, Universidad Francisco Marroquín, Guatemala, 1998.

Küng, H., *Proyecto de una ética mundial*, Editorial Trotta, Madrid, 1991.

Lega, L., Caballo. V., y Ellis, A., *Teoría y práctica de la terapia racional emotivo-conductual*, Siglo Veintiuno Editores, Madrid, 1997.

Marinoff, L., *Más Platón y menos Prozac*, Ediciones B, Barcelona, 2000.

Newberg, A., D'Aquili, E., y Rause, V., *Why God won't go away*, Ballantine Books, Nueva York, 2001.

Pascal, B., *Pensamientos y otros escritos*, Editorial Porrúa, Colección Sepan Cuantos, México, 2005.

Rumi, *A Spiritual Treasury*, edición a cargo de J. Mabel, Oneworld, Nueva York, 2000.

San Juan de la Cruz, *Obras completas,* a cargo de M. Herraiz, Ediciones Sígueme, Salamanca, 1992.

Santa Teresa de Jesús, *Obras completas,* a cargo de T. Álvarez, Monte Carmelo, Burgos, 1997.

Shantideva, *La marcha hacia la luz*, Miraguano Ediciones, Madrid, 1993.

Seligman, M., *La auténtica felicidad*, Vergara, Barcelona, 2003.

—, *Learned optimism*, Pockets Books, Nueva York, 1990.

Vaillant, G., *The wisdom of the ego*, Harvard University Press, U.S.A., 1995.

Viscott, D., *Emotional Resilience*, Three Rivers Press, Nueva York, 1996.

Walsh, R., *Essential Spirituality*, John Wiley & Sons, Inc., Nueva York, 1999.

DICCIONARIOS

Nuevo diccionario de Teología, dirigido por G. Barbaglio y S. Dianich, Ediciones Cristiandad, Madrid, 1982.

Diccionario de Filosofía, N. Abbagnano, Fondo de Cultura Económica, México, 1987.

Diccionario de Psicología, F. Dorsch, Herder, Barcelona, 1991.

Diccionario de uso del Español, M. Moliner, Gredos, Madrid, 1988.

Diccionario de la Lengua Española, Real Academia Española, Espasa Calpe, Madrid, 1970.

Datos de contacto

Para información sobre los cursos, talleres y seminarios de la autora, así como para información sobre sus conferencias en audio:

Asociación Latinoamericana de Desarrollo Humano S.C.

Colima 422, Col. Roma.
México D. F.
c. p. 06700, México

Tel: (52-55) 52 11 03 03
Fax: (52-55) 52 56 55 24

www.aladeh.com.mx
www.dinamicamental.com.mx
www.metodosilva.com.mx
Correo electrónico: direccion@aladeh.com.mx

PRÓXIMOS TÍTULOS
b4p crecimiento y salud

Con *La ciencia de la felicidad*, la investigadora y profesora de psicología Sonja Lyubomirsky presenta el primer programa para incrementar la felicidad de las personas basado en investigaciones científicas. Sus estudios demuestran que, la felicidad personal no depende de factores como el dinero, el trabajo, la pareja o la juventud. Un diez por ciento se apoya en circunstancias externas y el cuarenta por ciento se atribuye a lo que hacemos y a lo que pensamos.

PRÓXIMOS TÍTULOS
b4p crecimiento y salud

Mechthild Scheffer se ha hecho eco del flujo de consultas planteadas en varios centros Dr. Edward Bach y ha reunido las respuestas en esta obra que, huyendo de conceptos teóricos, resuelve numerosas cuestiones prácticas. Desde la preparación de las combinaciones florales hasta su aplicación práctica en trastornos físicos y anímicos, pasando por sus mecanismos de actuación y sus efectos en animales y plantas, todos los temas se encuentran aquí reunidos en forma de preguntas y respuestas.